사랑이신 주님,

_______________ 청하며

저의 마음을 이 노트에 담았습니다.
당신께 드리는 정성을 즐겨받으시고
자비와 은총을 풍성히 내려 주소서.
아멘.

시작한 날

마친 날

이름 · 세례명

필사하는 것이 왜 좋을까요?

열 번 읽는 것보다 한 번 쓰는 것이 효과가 큽니다

'일사당십독一寫當十讀'이라는 말이 있습니다. 중국 송나라의 학자 이방이 편찬한 백과사전인 《태평어람》에 나오는 말로, "글을 한 번 옮겨 쓰는 것은 열 번 읽는 것과 효과가 같다."라는 의미입니다. 또한 조선의 정조 임금은 이런 말을 했다고 합니다. "내가 어릴 적부터 즐겨한 독서법은 필사였다. 이런 과정에서 얻은 바는 매우 크다. 그것은 그냥 읽는 것과는 차원이 다르기 때문이다." 이처럼 눈으로만 글을 읽는 것보다 문장을 한 자 한 자

옮겨 쓰다 보면, 문장에 담긴 의미를 하나씩 음미하며 그 문장을 나의 것으로 만들게 됩니다. 또한 필사는 시간이나 장소에 크게 제약을 받지 않기에, 꾸준히 하면서 좋은 습관을 들이고 높은 성취감을 이룰 수 있습니다.

필사는 언제부터 하게 되었을까요?

아주 오래전부터 사람들은 필사를 해 왔습니다. 성경 필사본의 경우, 1947년 쿰란 근처 동굴에서 발견된 '사해 사본'이 가장 오래된 필사본으로 알려져 있는데, 기원전 2세기에서 기원후 1세기경에 쓰였다고 합니다. 또한 중세의 수도회에서는 성경 필사를 매우 중요시했고, 필사를 위해 수도원에 '필사실Scriptorium'을 만들었습니다. 필사는 훈련받은 수도자만이 할 수 있었습니다. 필사를 통해 수도원은 성경을 보급하고 보관하는 역할을 하였습니다. 15세기 인쇄 기술의 발전으로 성경을 인쇄할 수 있게 되었음에도, 필사는 여전히 중요하게 여겨졌습니다. 독일 슈폰하임 수도원 원장이었던 요하네스 트리테미우스(1462~1516년)는 성경 필사를 통해 얻는 유익에 대해 이렇게 말했습니다. "소중한 시간이 유익하게 쓰이고, 성경에 대한 이해력이 높아지며, 마음에 신앙의 불꽃이 환하게 타오르고, 내세에 큰 보상을 받게 된다."

나만의 필사 노트를 평생 간직해 보세요

다산 정약용은 "진정한 필사는 종이 위에 베껴 쓴 넋이 아니라 영혼 속에 새겨 넣는 것이다."라고 했습니다. 이처럼 필사는 단순히 글을 옮겨 적는 데 그치지 않고, 그 문장을 나의 마음에 새기게 되며, 그로 인해 나의 영혼에 힘이 되어 주는 말씀이 됩니다. 필사는 가장 좋은 기도이자 영적 성장을 이루는 가장 효과적인 방법입니다. 하느님을 향해 기도하는 마음으로 성경을 필사하던 중세의 수도자들처럼, 여러분도 필사를 해 보세요. 하루에 조금씩 쓴 글이 모여, 평생 간직하는 필사본이자 영적 성장의 과정이 담긴 노트가 완성될 것입니다. 그리하여 이 필사 노트는 언제나 곁에서 힘과 용기를 주는 소중한 보물로서 남을 것입니다.

《시편과 아가 쓰기 노트》는?

하느님께 드리는 찬미와 노래, 시편과 아가

시편은 인간이 하느님께 드리는 말씀이자 기도로, 오랫동안 많은 사람들이 노래해 왔습니다. 특히 신약에서 복음서를 보면 예수님은 시편 구절을 자주 인용하시고, 바오로 사도는 감사하는 마음으로 시편을 부르라고 했습니다. 또한 교회의 초기 교부들은 시편을 사랑하여 자주 언급하며, 시편에 대한 해설서를 저술하기도 했습니다. 한편, 아가는 '노래들의 노래', 즉 가장 아름다운 사랑의 노래입니다. 유다교 랍비인 아키바는 아가에 대해 "성문서 모두가 거룩하지만 아가는 거룩한 가운데에서 가장 거룩하다."라고 말한 바 있습니다. 사랑 노래인 아가를 그리스도교에서는 주로 그리스도와 교회, 또는 그리스도와 인간 영혼 사이의 사랑을 노래한 것으로 보았습니다.

최민순 신부가 전하는 가장 아름다운 시편과 아가

최민순 신부님은 우리나라 최고의 종교 시인입니다. 신부님은 성경의 시편과 아가를 번역하였는데, 이 시편과 아가는 성경 저자들이 전하고자 한 하느님의 말씀에 최대한 정확하게, 그리고 노래 가사처럼 유려하고 아름답게 번역되었다는 평을 많이 듣습니다. 특히 신부님의 시편은 성무일도, 상장예식, 가톨릭 성가 등으로 성직자, 수도자, 신자들의 입에서 지금도 오르내리고 있습니다. 그래서 기도를 하거나 묵상을 할 때 시편을 사용한다면 신부님의 시편을 찾을 정도로, 최고의 시편으로서 사람들에게 사랑을 크게 받고 있습니다.

《시편과 아가 쓰기 노트》를 왜 써야 할까요?

시편과 아가는 하느님께 바치는 기도이자 노래이기에, 필사를 하는 행위 자체만으로도 훌륭한 기도요, 노래가 됩니다. 특히 최민순 신부님의 시편과 아가는 우리말을 적재적소에 사용했기에, 우리말의 아름다움을 음미하며 옮겨 쓸 수 있어 필사하기에 가장 적합합니다.

이 노트는 시편과 아가를 매일 일정 분량을 필사하도록 구성했습니다. 그 날의 구절을 읽고, 구절 한 자 한 자를 정성껏 쓰고 말씀을 되새기며 주님께 기도를 드리세요. 시편 쓰기는 내용에 담긴 주제에 따라 시작–간청–신뢰–감사–찬양–교훈–희망–마무리로 순서가 이루어져 있으며, 각 주제의 마지막에 있는 시편은 전체 내용을 필사하도록 구성했습니다. 이 순서대로 필사해도 좋고, 각자의 상황에 맞춰 원하는 주제에 있는 시편을 먼저 필사해도 좋습니다. 특히 어려움을 겪으면서 주님께 도움을 더 간절히 청하고 싶을 때일수록, 이 노트를 펼쳐 보세요. 펜 끝으로 꾹꾹 눌러 쓴 아름다운 노래로 주님이 위로를 주시며 어떠한 어려움도 이겨 내도록 이끌어 주실 것입니다.

시작 기도

성경을 읽기 전에 드리는 기도

말씀은 바로 네 곁에 있고
네 입에 있고 네 마음에 있다.

신명 30,14

주님,
성령의 빛으로
저희 눈을 여시어
주님의 길을 보게 하시고
저희 귀를 여시어
생명의 말씀을 듣게 하소서.
아멘.

마침 기도

성경을 읽고 나서 드리는 기도

당신의 말씀은 내 발에 등불,
나의 길을 비추는 빛이오이다.

시편 119,105

주님,
저희가 성경을
생명의 말씀으로 믿고 기도하며
살고 선포하게 하시어
언제나 성령 안에서
평화와 기쁨을 누리게 하소서.
아멘.

《시편과 아가 쓰기 노트》 작성 예시

- 1. '시작 기도'를 바칩니다.

019

야훼는 나의 목자

1 야훼는 나의 목자.
아쉬울 것 없노라
2 파아란 풀밭에 이 몸 누여 주시고,
고이 쉬라 물터로 나를 끌어 주시니
3 내 영혼 싱싱하게 돋아라
주께서 당신 이름 그 영광을 위하여,
곧은 살 지름길로 날 인도하셨어라
4 죽음의 그늘진 골짜기를 간다 해도
당신 함께 계시오니, 무서울 것 없나이다 –
당신의 막대와 그 지팡이에,
시름은 가시어서 든든하외다
5 내 원수 보는 앞에서, 상을 차려 주시고
향기름, 이 머리에 발라 주시니,
내 술잔 넘치도록 가득하외다
한평생 은총과 복이 이 몸을 따르리니,
오래오래 주님 궁에서 살으오리다

- 2. 시편 또는 아가 구절 읽기

시편 또는 아가에서 그 날 필사할 구절을 발췌하여 넣었습니다. 글자를 하나씩 음미하면서 속으로, 또는 소리 내어 천천히 읽습니다.

- 3. 구절 묵상하기

필사하기 전 구절에 대한 짧은 묵상 글을 읽으며, 잠시 묵상하는 시간을 갖습니다.

○ 더 깊이 묵상하기

우리는 살면서 많은 것이 부족하다고 생각합니다. 그러나 시편 저자는 하느님이 보살펴 주시리라 믿었습니다. 우리와 함께 계시는 하느님의 보살핌을 믿어 봅시다.

Date 2023 / 2 / 10 / 금

○ 오늘의 구절을 적어 보세요

1 야훼는 나의 목자.
아쉬울 것 없노라
2 파아란 풀밭에 이 몸 누여 주시고,
고이 쉬라 물터로 나를 끌어 주시니
3 내 영혼 싱싱하게 돋아라
주께서 당신 이름 그 영광을 위하여,
곧은 살 지름길로 날 인도하셨어라
4 죽음의 그늘진 골짜기를 간다 해도
당신 함께 계시오니, 무서울 것 없나이다 -
당신의 막대와 그 지팡이에,
시름은 가시어서 든든하외다
5 내 원수 보는 앞에서, 상을 차려 주시고
향기름, 이 머리에 발라 주시니,
내 술잔 넘치도록 가득하외다
한평생 은총과 복이 이 몸을 따르리니,
오래오래 주님 궁에서 살으오리다

- *4. 필사하기*

  발췌된 구절을 마음에 새기며, 정성껏 필사합니다. 필사할 때는 가능한 번지지 않는 펜이나 연필을 사용합니다.

- *5. 주님께 드리고 싶은 기도 적기*

  필사한 구절을 떠올리며 주님께 드리고 싶은 기도를 자유롭게 적습니다.

○ 주님께 드리는 기도

주님, 주님과 함께이기에 두려울 것이 없다고 한 시편 저자처럼, 어떠한 어려움 속에서도 주님께 의지할 수 있는 마음을 주세요.

- *6. '마침 기도'를 바치며, 필사를 마무리합니다.*

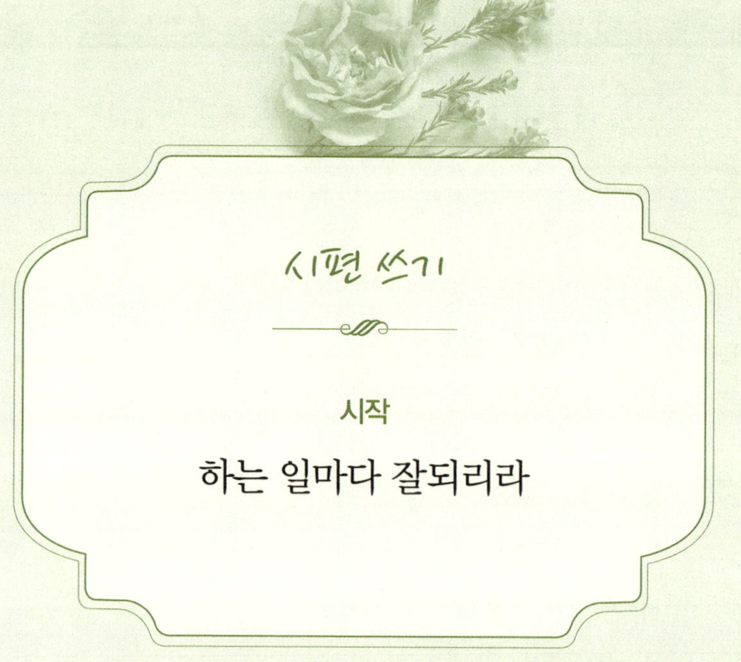

시편 쓰기

시작

하는 일마다 잘되리라

001

행복한 사람이여

1 행복한 사람이여
불신자들이 꾀하는 말을 그는 아니 따르고
죄인들의 길에 들어서지 않으며
망나니들 모임에 자리하지 않나니
2 차라리 그의 낙은 야훼의 법에 있어
밤낮으로 주님의 법 묵상하도다
3 마치도 시냇가에 심어진 나무인 양
제때에 열매 내고 잎이 아니 시들어
그 하는 일마다 잘되어 가도다
4 불신자는 이렇지 않나니 (이렇지 않나니)
바람에 흩날리는 겨와도 같도다
5 불신자는 심판 때에 버티지 못하리니
의인의 모임에서 죄인도 그러하리라
6 주께서 의인의 길을 살펴 주심이로다

시편 1,1-6ㄱ

○ 더 깊이 묵상하기

모든 생물에 자양분이 필요하듯, 우리는 하느님과 관계를 맺어야 살 수 있습니다. 하느님과의 관계에 뿌리를 내리고 언제까지 남을 열매를 맺도록 청해 봅시다.

Date / / /

○ 오늘의 구절을 적어 보세요.

○ 주님께 드리는 기도

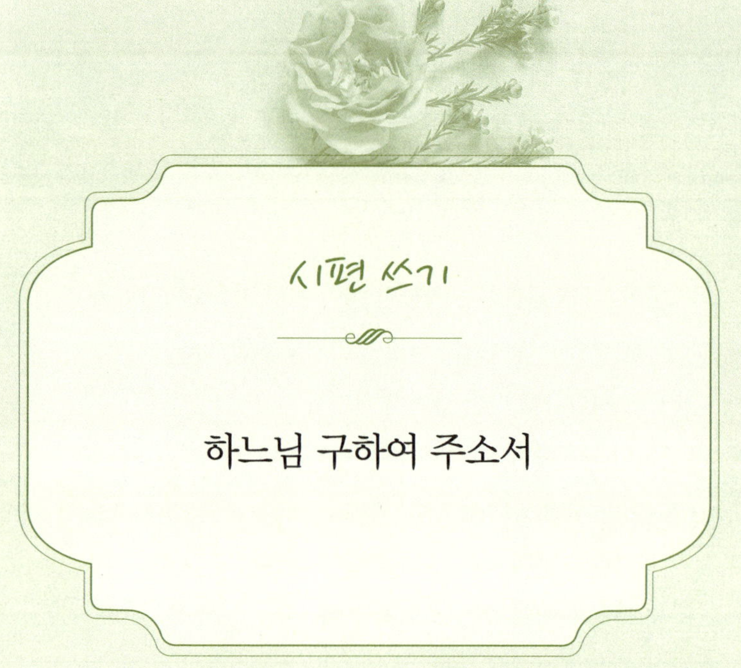

시편 쓰기

하느님 구하여 주소서

002

쫓기는 의인의 아침 기도

2 주여, 나를 괴롭히는 자들이 어이 이리 많으오니까
나를 거슬러 일어나는 자들이 많기도 하오이다
3 숱한 사람들이 나를 들어 말하기를
"저의 구원은 주님 안에 없다" 하나이다
4 그러나 주여, 당신은 나의 방패,
내 머리를 들게 하시는 내 영광이오이다
5 내 목청 높여서 주께 부르짖을 때
거룩한 그 산에서 들어 주셨나이다
6 나는 누워 깊이깊이 잠들었더니
주께서는 이 몸을 깨워 주셨나이다
7 수천 군중이 나를 거슬러 에워쌀지라도
나는 무서워함이 없으리이다

시편 3,2–7

○ 더 깊이 묵상하기

자다가 영영 깨지 못할까 봐 두려울 때가 있습니다. 하지만 주님께 의지하면, 그분은 우리를 깨우실 것입니다. 잠자리에서도 늘 함께하시는 주님을 떠올려 봅시다.

Date / / /

○ 오늘의 구절을 적어 보세요.

○ 주님께 드리는 기도

003

의인의 의탄

2 언제까지나 주여 나를 아주 잊으려 하시나이까
언제까지나 당신 얼굴을 감추려 하시나이까
3 언제까지나 나는 영혼의 쓰라림을,
마음의 근심을 나날이 되새겨야 하오리까
4 언제까지나 원수는 내 위에서 우쭐대오리까
야훼 내 하느님, 굽어보시와 내 기도를 들어 주소서
5 행여 죽음의 잠을 잘세라 이 눈을 밝혀 주소서
내 원수 이르기를 "저를 이겼노라" 할까 두렵나이다
6 나는 당신 자비를 굳이 믿거늘, 행여 나 쓰러지면
원수들이 날뛰며 좋아할까 저허하나이다
주님의 도우심에 이 마음 크게 기뻐오리니
갖은 은혜 베푸신 야훼께 찬미드리오리다

시편 13,2–6

○ 더 깊이 묵상하기

어려운 일을 겪으면 근심이 쌓입니다. 그럴수록 주님께 더 깊이 간청해 보세요. 하느님이 자애와 호의를 베푸시어 우리를 반드시 도와주실 것입니다.

Date / / /

○ 오늘의 구절을 적어 보세요.

○ 주님께 드리는 기도

외롭고 억울한 이의 부르짖음

1 야훼님 들으소서 죄 없는 자의 사연을,
내 부르짖는 소리를 굽어 들으소서 —
거짓 없는 입시울로 애원하오니,
귀를 기울이시어 들어 주소서
2 나에 대한 판결을 어전에서 내리소서,
올바름을 당신 눈이 보시나이다
3 내 마음을 캐 보셔도, 아닌 밤중에 찾아오셔도,
불로써 이 몸을 달구어 보신대도,
죄악이란 내 안에서 찾아내지 못하시리니
4 사람들처럼, 내 입은 명을 아니 어겼삽고,
당신 입술 그 말씀 좇아, 율법의 길을 지켰나이다
5 내 걸음은 꿋꿋이 당신 길만 따르옵기,
두 다리는 비틀거림이 없삽나이다
6 응답이 계시었기, 주여 당신을 부르오니,
내게 귀를 기울이시와 이 말씀을 들어 주소서

시편 17,1–6

○ 더 깊이 묵상하기

온갖 통신 수단의 발달에도 소통은 어렵습니다. 그러나 하느님은 언제나 우리의 기도에 귀를 기울이며 응답하십니다. 열렬한 마음으로 주님께 간청해 봅시다.

Date / / /

○ 오늘의 구절을 적어 보세요.

○ 주님께 드리는 기도

005

야훼만을 믿는 의인의 기도

4 주여 당신의 길을 내게 보여 주시고,
당신의 지름길을 가르쳐 주소서
5 당신은 나를 구하시는 하느님이시니,
당신의 진리 안을 걷게 하시고,
그 가르치심을 내려 주소서
나는 항상 당신께 바라고 있나이다
6 불쌍히 여기심을, 주여 돌아보소서,
영원하신 그 자비를 헤아리소서
7 내 젊은 시절의 허물과 죄악을,
다시는 마음에 두지 마옵소서
야훼님, 어지시오니,
자비하신 그대로 나를 살펴 주소서
8 자애롭고 의로우신 주님이오라,
죄인에게 길을 가르치시나이다

시편 25,4–8

○ 더 깊이 묵상하기

하느님은 길 잃은 이들이 헤매도록 두지 않으시고, 언제나 올바른 길로 이끌어 주십니다. 길을 잃고 헤매고 있다면, 주님께 이끌어 달라고 청해 봅시다.

Date / / /

○ 오늘의 구절을 적어 보세요.

○ 주님께 드리는 기도

006

무죄한 이의 기도

2 주여 나를 샅샅이 알아보시고 시험하소서
내 속 내 마음을 불에 달구어 보옵소서
3 당신의 사랑이 내 눈앞에 있사옵고,
당신의 진리 안에서 걷고 있삽나이다
4 거짓된 사람들과 한자리에 아니 앉고,
간교한 그들과도 벗하지 않나이다
6 죄 없는 가운데 내 손을 씻사오며,
야훼님 제단 둘레를 돌고 있삽나이다
7 찬미의 노랫소리 울려 나게 하면서,
주님의 묘하신 일들 일컬으면서.
8 주여 나는 당신이 거하시는 집을,
영광이 깃들이는 자리를 사랑하오니,
9 내 영혼 죄인들과 함께 거두지 마옵소서

시편 26,2-4.6-9ㄱ

○ 더 깊이 묵상하기

우리를 창조하신 하느님은 우리를 속속들이 알고 계십니다. 그분 앞에서 부끄럽지 않도록, 우리가 지은 죄를 돌아보는 시간을 가져 봅시다.

Date / / /

○ 오늘의 구절을 적어 보세요.

○ 주님께 드리는 기도

007

인간의 사악과 하느님의 섭리

2 악인의 마음속에다 죄악이 속삭이기를,
그의 안전에 하느님의 두려움이 없다 하나니
3 그는 제 속으로 뽐내며, 아무도 내 비행을 못 보았다
나는 죄받지 않으리라 하도다
5 그는 잠자리에서 못된 일을 궁리하고,
나쁜 길에 서 있어, 악을 꺼려 아니하도다
6 주여, 당신 자비가 하늘까지 이르고,
진실하심이 구름까지 닿나이다
7 주여, 당신 정의는 가장 높은 산과 같고,
당신의 재량은 깊은 바다 같사오니
사람과 짐승을 돌보시나이다
8 주여, 당신 은총이 어이 이리 귀하신지
인간의 자손들이 당신 날개 그늘로 숨어드나이다

시편 36,2–3.5–8

○ 더 깊이 묵상하기

하느님의 자비하심과 진실하심은 끝이 없지만, 이를 잘 느끼지 못하는 경우가 많습니다. 열린 마음으로 그분의 자비하심과 진실하심을 받아들이도록 간청해 봅시다.

Date / / /

○ 오늘의 구절을 적어 보세요.

○ 주님께 드리는 기도

008

버려진 환자의 기도

2 복되다 아쉬운 이와 가난한 이를 생각해 주는 이여,
불행한 날에 주께서 그를 살려 주시리라
3 주께서 그를 지켜 주시고,
생명을 주시고, 땅에서 복되게 하시며,
그 원수들의 뜻에다 아니 맡기시리라
4 주께서 그를 병상에서 붙들어 주시고,
그의 앓는 모든 병을 없애 주시리라
6 원수들이 나를 들어 모질게 말하기를
"언제나 죽어서 그 이름이 없어질고" 하나이다
10 내가 믿던 친구마저, 내 빵을 먹던 그 사람마저,
나를 거슬러 발꿈치를 치올렸나이다
11 주여 당신은 나를 불쌍히 여기시고 일으켜 주소서
13 주께서 나를 성하게 거두어 주시오리다,
영원토록 당신 앞에 나를 두시오리다

시편 41,2-4.6.10-11ㄱ.13

○ 더 깊이 묵상하기

하느님은 엘리사 예언자를 통해 나아만을 치유하셨고, 예수님은 아픈 이를 치유하는 기적들을 일으켰습니다. 주변의 아픈 이들을 기억하는 시간을 가져 봅시다.

Date / / /

○ 오늘의 구절을 적어 보세요.

○ 주님께 드리는 기도

주님이 그리운 마음

2 암사슴이 시냇물을 그리워하듯,
내 영혼, 하느님을 그리나이다
3 내 영혼, 하느님을, 생명의 하느님을 애타게 그리건만
그 하느님 얼굴을 언제나 가서 뵈오리까
4 "네 하느님, 어디 있나!" 날마다 말들 할 때
자나깨나 빵이런 듯 눈물이오이다
5 축제의 모임, 환희와 찬미 소리 드높던 그 가운데,
무리에 섞인 이 몸, 앞장서 하느님 집으로 갔었건마는
그 일을 되새기며, 마음은 속에서 녹아나나이다
6 내 영혼아 어찌하여 시름에 잠겨 있느냐,
어찌하여 내 속에서 설레이느냐 —
하느님께 바라라,
나는 다시 그 님을 찬미하게 되리라
내 낯을 살려 주시는 분, 내 하느님을.

시편 42,2–6

○ 더 깊이 묵상하기

세상을 떠난 영혼 가운데에는 '암사슴이 시냇물을 그리듯' 지복의 삶을 애타게 바라는 이들이 있습니다. 그들이 하느님을 뵐 수 있도록 기도와 희생을 바칩시다.

Date / / /

○ 오늘의 구절을 적어 보세요.

○ 주님께 드리는 기도

010

당신 날개의 그늘에……

2 주여, 나를 불쌍히 여기소서, 불쌍히 여기소서,
내 영혼이 당신께 피신하나이다 —
당신 날개의 그늘에 나는 숨나이다
재앙이 지나갈 그때까지.
3 지극히 높으신 하느님께,
나를 위하시는 하느님께 부르짖으오니
4 하늘에서 보내시어 나를 살려 주소서,
당신 사랑, 당신 진리를 내게 보내 주소서
5 나는 사자들 가운데,
사람을 잡아먹는 그들 가운데 누워 있사오니,
그들의 이빨은 창들과 화살들,
그들의 혀는 서슬진 칼이니이다
6 높직이 하늘 위에 주여 나타나소서
온 땅에 빛나소서 당신의 영광

시편 57,2-4ㄱ.4ㄷ-6

○ 더 깊이 묵상하기

바람에 흔들리는 나무처럼 우리도 거센 바람에 흔들립니다. 그러나 사랑이 크신 주님은 우리가 그분께 확고하게 머물 수 있도록 의지를 북돋아 주십니다.

Date / / /

○ 오늘의 구절을 적어 보세요.

○ 주님께 드리는 기도

011

하느님 날 구하소서

2 비나이다, 하느님 날 구하소서
야훼님 어서 오사 나를 도우소서
3 내 생명을 노리는 자들 무색하여,
수치를 당하게 하여 주소서
4 나를 두고 히히거리는 자들은
낯을 가리고 도망치게 하소서
5 주를 찾는 이들은 하나도 빠짐없이
님으로 해 기쁘고 즐겁게 하소서
님의 구원하심을 바라는 이들은,
"야훼님 크옵시다"를 항상 일컫게 하소서
6 나는 가난하고 불쌍하오니,
주여 나를 보살펴 주옵소서 —
날 구하고 돌보실 분 당신이시니
야훼님 더디 오지 마시옵소서

시편 70,2-3ㄴ.4-6

○ 더 깊이 묵상하기

하느님의 도우심은 인간의 노력을 뒷받침하고 그 노력이 이루어지도록 이끌어 줍니다. 하느님이 도우셨던 순간을 기억하며 감사의 기도를 바쳐 봅시다.

Date / / /

○ 오늘의 구절을 적어 보세요.

○ 주님께 드리는 기도

012

평화를 위한 기원

9 주 하느님 말씀을 내 듣고 싶사오니,
정녕 평화를 말씀하시나이다
당신의 백성과 성도들에게,
그 마음 당신께 돌아오는 이들에게.
10 당신을 두려워하는 자에게는 구원이 정녕 가까우니,
당신의 영광이 우리 땅에 계시게 되리라
11 자비와 충성이 마주 서로 만나고,
정의와 평화가 함께 입맞추리라
12 땅에서 충성이 움터 나오면,
정의가 하늘에서 굽어보리라
13 주께서 행복을 내려 주시면,
우리 땅은 열매를 맺어 주리라
14 정의가 당신 앞을 걸어 나가면,
구원은 그 걸음을 따라가리라

시편 85,9–14

○ 더 깊이 묵상하기

주님은 이스라엘이 죄를 인정하고 그분께 부르짖을 때, 그들을 구원하셨습니다. 우리가 죄를 뉘우치고 하느님께 부르짖는다면, 그분은 우리를 구원하실 것입니다.

Date / / /

○ 오늘의 구절을 적어 보세요.

○ 주님께 드리는 기도

013

주여, 살려 주소서

2 주께 바친 몸이오니, 내 영혼 지켜 주시고
당신께 바라는 이 종, 주여 살려 주소서
3 밤낮으로 당신께 부르짖고 있사오니,
주는 나의 하느님, 어여삐 여기소서
4 내 마음이 당신을 향하여 있사오니,
주여 이 종의 영혼에게 기쁨을 주소서
5 주여 당신은 좋으시고 인자하시며,
당신께 비는 자를 크게 어여삐 여기시오니
6 야훼님 내 기도를 들어 주소서,
이 간구하는 소리를 여겨들어 주소서
7 내 기도를 들어 주시옵기에,
괴로운 날 당신께 부르짖나이다
8 하고많은 신들 중에 당신 같으신 이 없사옵고,
당신이 하신 일에 견줄 일 또 없나이다

시편 86,2–8

○ 더 깊이 묵상하기

살다 보면, 우리 마음이 하느님이 아닌 세상의 것들을 향할 때가 많습니다. 시편 저자처럼 마음을 하느님께 온전히 향하게 해 달라고 청해 봅시다.

Date / / /

○ 오늘의 구절을 적어 보세요.

○ 주님께 드리는 기도

014

깊은 구렁 속에서

1 깊은 구렁 속에서 주께 부르짖사오니,
2 주여, 내 소리를 들어 주소서,
내 비는 소리를 귀여겨 들으소서
3 주께서 죄악을 헤아리신다면,
주여 감당할 자 누구이리까
4 오히려 용서하심이 주께 있사와
더더욱 당신을 섬기라 하시나이다
5 내 영혼이 주님을 기다리오며,
당신의 말씀을 기다리나이다
6 파수꾼이 새벽을 기다리기보다,
내 영혼이 주님을 더 기다리나이다
파수꾼이 새벽을 기다리기보다
7 이스라엘이 주님을 더 기다리나이다

시편 130,1–7ㄱ

○ 더 깊이 묵상하기

우리의 삶은 운동 경기가 아니며, 하느님은 결과를 득점판에 기록하지 않으십니다. 우리의 죄악을 헤아리지 않고 용서하시는 하느님께 감사의 기도를 바칩시다.

Date / / /

○ 오늘의 구절을 적어 보세요.

○ 주님께 드리는 기도

015

답답한 이 내 심정 하소연하나이다

2 목소리 높이어 주께 부르짖나이다.
소리소리 지르며 주께 비옵나이다
3 시름을 풀어서 당신께 아뢰옵고,
답답한 이 내 심정 하소연하나이다
4 내 안의 정신이 까무라칠 때,
당신은 나의 길을 잘 아시오니
사람들이 내 가는 길에다가,
올무를 숨겨서 잡으려 하나이다
5 고개 돌려 오른편을 살펴보아도,
이 몸을 돌볼 사람 없삽나이다
어디라 도망할 곳 있지 않삽고,
이 목숨 보아줄 이 없삽나이다
6 소리쳐 부르는 곳 주여 당신이오니,
이 몸이 피할 곳은 당신이외다

시편 142,2–6ㄴ

○ 더 깊이 묵상하기

어려움이 닥칠 때, 하느님을 잊고 사람들에게만 불평을 쏟기도 합니다. 힘들 때일수록, 불평을 하기보다 그 어려움을 주님께 바치며 이겨 내는 마음을 청해 봅시다.

Date / / /

○ 오늘의 구절을 적어 보세요.

○ 주님께 드리는 기도

016

나를 불쌍히 여기소서

3 하느님, 자비하시니 나를 불쌍히 여기소서,
애련함이 크오시니 내 죄를 없이하소서
4 내 잘못을 말끔히 씻어 주시고,
내 허물을 깨끗이 없애 주소서
5 나는 내 죄를 알고 있사오며,
내 죄 항상 내 앞에 있삽나이다
6 당신께 오로지 당신께 죄를 얻었삽고,
당신의 눈앞에서 죄를 지었사오니 —
판결하심 공정하고,
심판에 휘지 않으심이 드러나리이다
7 보소서 나는 죄 중에 생겨났고,
내 어미가 죄 중에 나를 배었나이다
8 당신은 마음의 진실을 반기시니,
가슴 깊이 슬기를 내게 가르치시나이다
9 히솝의 채로 내게 뿌려 주소서,
나는 곧 깨끗하여지리이다,
나를 씻어 주소서, 눈에서 더 희어지리다

Date ______ / ______ / ______ /

○ 오늘의 구절을 적어 보세요.

016

나를 불쌍히 여기소서

10 기쁨과 즐거움을 돌려주시어,
바수어진 뼈들이 춤추게 하소서
11 내 죄에서 당신 얼굴 돌이키시고,
내 모든 허물을 없애 주소서
12 하느님, 내 마음을 깨끗이 만드시고,
내 안에 굳센 정신을 새로 하소서
13 당신의 면전에서 날 내치지 마옵시고,
당신의 거룩한 얼을 거두지 마옵소서
14 당신 구원, 그 기쁨을 내게 도로 주시고,
정성된 마음을 도로 굳혀 주소서
15 악인들에게 당신의 길을 가르치오리니,
죄인들이 당신께 돌아오리이다
16 하느님 날 구하시는 하느님이여,
피 흘린 죄벌에서 나를 구하소서
내 혀가 당신 정의를 높이 일컬으오리다

Date / / /

○ 오늘의 구절을 적어 보세요.

016

나를 불쌍히 여기소서

17 주여 내 입시울을 열어 주소서,
내 입이 당신의 찬미 전하오리니
18 제사는 당신이 즐기지 않으시고,
번제를 드리어도 받지 아니하시리이다
19 하느님, 나의 제사는 통회의 정신,
하느님은 부서지고 낮추인 마음을
낮추 아니 보시나이다
20 주여 인자로이 시온을 돌보시고,
예루살렘의 성을 다시 쌓아 주소서
21 법다운 제사와, 제물과 번제를, 그때에 받으시리니
그때에는 사람들이 송아지들을
당신 제단 위에 바치리이다

시편 51,3–21

○ 더 깊이 묵상하기

살다 보면 유혹에 빠져 죄를 지을 때가 있습니다. 그럴 때 절망하며 자책하기보다 시편 저자처럼 온 마음을 다해 죄를 뉘우치며, 하느님의 자비를 청해 봅시다.

Date / / /

○ 오늘의 구절을 적어 보세요.

○ 주님께 드리는 기도

시편 쓰기

주님은 나의 목자

017

흔들리지 않는 의인의 믿음

1 야훼님을 내 믿고 있거늘,
너희는 어찌하여 내 영혼에게 말하느냐
“새처럼 두메로 날아 나가 버리라
2 보라 악인들이 활을 당겨 시위에 살을 먹여
마음 곧은 사람을 어둠 속에서 쏘려 하지 않느냐
3 바닥이 송두리째 무너나는 이 마당에
의인인들 무엇을 할 수 있단 말이냐”
4 야훼는 당신 성전에서,
야훼는 하늘의 당신 어좌에서,
세상을 굽어보시느니라,
당신 눈은 인생을 살피시느니라
7 의로우신 주님이기, 정의를 즐기시나니,
올바른 자 당신 얼굴을 뵈옵게 되리라

시편 11,1–4.7

○ 더 깊이 묵상하기

우리는 종종 하느님의 뜻을 따르기를 두려워하며 도망치고 싶어 합니다. 그럴 때 두려워하기보다 하느님의 뜻을 이루려는 충만한 용기를 달라고 청해 봅시다.

Date　　/　　/　　/

○ 오늘의 구절을 적어 보세요.

○ 주님께 드리는 기도

018

하느님은 최고선

2 야훼께 아뢰오니, "당신은 나의 주님,
내 좋은 것 당신밖에 또 없나이다"
5 주님은 나의 기업, 내 잔의 몫이시니,
내 제비는 오로지 당신께 있나이다
6 측량줄 내려져서 좋은 땅이 내 몫이니,
내 기업 흐벅지게 마음에 드나이다
7 깨달음을 내게 주신 야훼님을 기리오니,
밤에도 이 마음이 나를 일깨우나이다
8 주님을 언제나 내 앞에 모시오니,
내 오른편에 계시옵기, 흔들리지 않으오리다
11 당신은 나에게 생명의 길을 가르치시어
당신을 모시고 흐뭇할 기꺼움을,
당신 오른편에서
영원히 누릴 즐거움을 보여 주시리이다

시편 16,2.5-8.11

○ 더 깊이 묵상하기

더는 가지지 못할 만큼 많은 것을 지닌 사람들을 종종 봅니다. 그러나 우리에게는 주님이 계십니다. 주님을 모시는 기쁨이 얼마나 큰지 떠올려 봅시다.

Date / / /

○ 오늘의 구절을 적어 보세요.

○ 주님께 드리는 기도

019

야훼는 나의 목자

1 야훼는 나의 목자,
아쉬울 것 없노라
2 파아란 풀밭에 이 몸 누여 주시고,
고이 쉬라 물터로 나를 끌어 주시니
3 내 영혼 싱싱하게 생기 돋아라
주께서 당신 이름 그 영광을 위하여,
곧은 살 지름길로 날 인도하셨어라
4 죽음의 그늘진 골짜기를 간다 해도
당신 함께 계시오니, 무서울 것 없나이다 —
당신의 막대와 그 지팡이에,
시름은 가시어서 든든하외다
5 내 원수 보는 앞에서, 상을 차려 주시고
향기름, 이 머리에 발라 주시니,
내 술잔 넘치도록 가득하외다
한평생 은총과 복이 이 몸을 따르리니,
오래오래 주님 궁에서 살으오리다

시편 23,1–5

○ 더 깊이 묵상하기

우리는 살면서 많은 것이 부족하다고 생각합니다. 그러나 시편 저자는 하느님이 보살펴 주시리라 믿었습니다. 우리와 함께 계시는 하느님의 보살핌을 믿어 봅시다.

Date / / /

○ 오늘의 구절을 적어 보세요.

○ 주님께 드리는 기도

020

주께서 나의 빛 내 구원이시거늘

1 주께서 나의 빛 내 구원이시거늘,
내 누구를 두려워하랴
주께서 내 생명의 바위시거늘,
내 누구를 무서워하랴
3 나를 거슬러 군대가 진을 쳐도,
내 마음은 겁내지 않으리라
나를 거슬러 싸움이 일어도,
오히려 나는 든든히 믿으리라
4 오직 하나 주께 빌어 얻고자 하는 것은,
한평생 주님의 집에 산다는 그것, —
당신의 성전을 우러러보며,
주님의 사랑을 누리는 그것이어니
5 불행한 날 이 몸을 당신 장막에 숨기시고
그 장막 그윽한 곳에 나를 숨겨 두시리라

시편 27,1.3–5ㄴ

○ 더 깊이 묵상하기

성공이 거듭되면 밝은 미래를 내다보지만, 성공이 연기처럼 사라지면 좌절하고 맙니다. 내 삶의 여정에 희망을 채워 주시는 분은 오직 주님뿐이심을 기억합시다.

Date / / /

○ 오늘의 구절을 적어 보세요.

○ 주님께 드리는 기도

021

하느님은 우리와 함께

2 하느님은 우리 힘, 우리 숨는 곳,
어려운 고비마다 항상 구해 주셨기에
3 설령 땅이 뒤흔들린단들,
산들이 해심으로 빠져든단들,
우리는 무서워하지 않으리라
4 바닷물이 우짖으며 소용돌이쳐 보아라,
밀려오는 그 힘에 산들이 떨어 보아라 —
만군의 주님은 우리와 함께 계시다,
야곱의 하느님이 우리 바위이시다
5 하느님의 도성을 강물의 줄기들이,
지존의 거룩한 장막을 즐겁게 하도다
6 그 한가운데에 하느님이 계시기에, 흔들림이 없으리라
첫새벽에 주께서 도움을 주시리라

시편 46,2–6

○ 더 깊이 묵상하기

하는 일이 힘들다고 느껴질 때, 고비마다 우리를 지켜 주시는 하느님을 떠올리면서, 우리가 흔들리지 않게 지켜 달라고 하느님께 청해 봅시다.

Date / / /

○ 오늘의 구절을 적어 보세요.

○ 주님께 드리는 기도

022

하느님이 내 편이심을

4 무서움이 나에게 덮치는 그 날,
이 몸은 당신께 의지하오리다
10 언제라도 내 당신을 부르는 그때,
원수들이 뒤로 물러가리니,
하느님이 내 편이심을 나는 잘도 아나이다
11 하느님의 언약을 나는 기리옵고,
12 하느님께 믿어서 나는 무섭지 않으리니
인간이 나에게 무엇을 할 수 있사오리까
13 하느님께 서원한 바를 채워야 하오리니,
찬미의 제사를 나는 드리오리다
14 내 목숨을 죽음에서 건져 주셨음이오니,
행여 내 발이 빠질세라
하느님 앞 생명의 빛에서 거닐게 하셨음이오이다

시편 56,4.10-14

○ 더 깊이 묵상하기

우리를 괴롭히는 사람들로 인해 어려움을 겪을 때, 우리 곁에서 지켜 주시는 하느님을 신뢰하며, 그분께 전적으로 의지하는 마음을 다져 봅시다.

Date / / /

○ 오늘의 구절을 적어 보세요.

○ 주님께 드리는 기도

023

순례의 길을 떠날 적에

4 참새도 집이 있고, 제비도 새끼 두는 둥지가 있사와도
내게는 당신의 제단이 있나이다,
만군의 주시여, 내 임금, 내 하느님이여,
5 주여 당신의 집에 사는 이는 복되오니,
길이길이 당신을 찬미하리이다
6 순례의 길을 떠날 적에,
주님께 힘을 얻는 자 복되오니
7 메마른 골짜기를 지나면서도,
샘물이 솟게 하리이다
상서로운 첫 비에 젖게 하리이다
8 그들은 더욱더욱 힘차게 나아가,
신들의 하느님을 시온에서 뵈오리다
13 만군의 주님이여,
당신께 의탁하는 사람 복되도소이다

시편 84,4–8.13

○ 더 깊이 묵상하기

시편 저자는 주님의 제단을 언급하며 주님께 힘을 얻는 자는 복되다고 말합니다. 시간을 내어 가까운 성당에 잠시 머무르며 주님을 만나는 시간을 가져 봅시다.

Date / / /

○ 오늘의 구절을 적어 보세요.

○ 주님께 드리는 기도

024

그 날개로 너를 휩싸 주시리니

1 전능하신 님의 그늘 아래 머무는 너는
2 주께 아뢰라
"하느님은 내 요새, 나의 피난처,
나는 당신께 의탁하외다" 하고.
4 그 나래로 너를 휩싸 주시리니,
그 깃 아래로 너는 숨어들리라
9 주께서 너의 피난처이시고,
지존을 네가 방비로 모셨기에
10 불행이 너에게는 오지 못하고,
재앙도 네 막사에 얼씬하지 못하리라
11 주께서 너를 두고 천사들을 명하시어,
너 가는 길마다 지키게 하셨으니
12 행여 너 돌부리에 발을 다칠세라,
천사들이 손으로 널 떠받고 가리라

시편 91,1ㄴ-2.4ㄴ.9-12

○ 더 깊이 묵상하기

토빗기에서 라파엘 천사가 토비야를 도왔듯이, 주님의 천사들은 하느님을 충실히 믿는 이들을 보호하고 돕습니다. 하느님께 수호천사들을 보내심에 감사드립시다.

Date / / /

○ 오늘의 구절을 적어 보세요.

○ 주님께 드리는 기도

025

산들을 우러러 눈을 드노라

1 산들을 우러러 눈을 드노라.
어데서 구원이 내게 올런고?
2 구원은 오리라 주님한테서,
하늘땅 만드신 그 님한테서,
3 네 발이 휘둘림을 아니 버려 두시리라,
너를 지켜 주시는 님 졸지 않으시리라
4 이스라엘을 지키시는 그분은,
졸지도, 잠들지도 않으시리라
5 하느님은 너를 지키시는 분,
네 오른쪽의 그늘이시어라
6 낮이면 해도 너를 해치지 못하고,
밤이면 달도 너를 해치지 못하리라
7 주께서 너를 지켜 모든 액을 막으시고,
당신이 네 영혼을 지켜 주시리라

시편 121,1–7

○ 더 깊이 묵상하기

하느님은 부모가 자녀를 돌보듯이, 우리를 언제나 지켜보십니다. 이제부터 영원까지 우리를 사랑하고 지켜보시는 하느님께 찬미의 기도를 바칩시다.

Date / / /

○ 오늘의 구절을 적어 보세요.

○ 주님께 드리는 기도

026

주님의 집에 가자 할 제

1 주님의 집에 가자 할 제,
나는 몹시 기뻤노라
2 예루살렘아, 네 성문에 우리 발은 이미 서 있노라
3 너 예루살렘은, 그 짜임새 멋지게 이룩된 도성
4 지파들이, 주님의 지파들이 저기 올라가도다
이스라엘 법을 따라 주님의 이름을 찬양하러.
6 예루살렘 위하여 평화를 빌어 주라
"너를 사랑하는 이들에게 평화 있기를"
7 너의 성 그 안에 평화가 있기를
너의 궁 그 안에 평화가 있기를
8 내 형제, 벗들 위하여 말하노라
"평화가 너와 함께 있기를"
9 우리 주 하느님의 집을 위하여,
너의 모든 행복을 나는 비노라

시편 122,1-4.6-9

○ 더 깊이 묵상하기

시편 저자는 형제와 벗들을 위하여 평화를 빌어 줍니다. 우리도 주변 사람들에게 "평화가 있기를 바랍니다." 하고 마음을 다해 빌어 주는 시간을 가져 봅시다.

Date / / /

○ 오늘의 구절을 적어 보세요.

○ 주님께 드리는 기도

027

어미 품에 안겨 있는 어린이인 듯

1 주여, 잘난 체하는 마음 내게 없삽고,
눈만 높은 이 몸도 아니오이다
한다한 일들을 좇지도 아니하고,
내게 겨운 일들은 하지도 않나이다
2 차라리 이 마음은 고스란히 가라앉아,
어미 품에 안겨 있는 어린이인 듯
내 영혼은 젖 떨어진 아기와 같나이다
3 이스라엘아, 이제로부터 영원까지
주님만 바라고 살아가라

시편 131,1–3

○ 더 깊이 묵상하기

어렸을 때에는 크면 행복해진다고 생각하지만, 나이가 들면 그렇지 않음을 깨닫습니다. 오히려 하느님 품에 안겨 그분께 모든 것을 맡길 때 행복해질 수 있습니다.

Date　　/　　/　　/

○ 오늘의 구절을 적어 보세요.

○ 주님께 드리는 기도

028

주님에의 애틋한 그리움

2 하느님 내 하느님, 당신을 애틋이 찾나이다
내 영혼이 당신을 목말라하나이다 —
물기 없이 마르고 메마른 땅,
이 몸은 당신이 그립나이다
3 당신의 힘, 영광을 우러러보옵고자,
이렇듯 성소에서 당신을 그리나이다
4 당신의 은총이 생명보다 낫기에,
내 입술이 당신을 찬양하리이다
5 이 목숨 다하도록 당신을 찬양하며,
당신 이름 부르며 두 손 치올리리이다
6 비계인 듯 기름인 듯 당신으로 내 흐뭇하고,
내 입술 흥겨웁게 당신을 노래하리이다
7 잠자리에 들어서도 당신의 생각,
밤샘을 할 때에도 당신의 생각.

Date　　/　　/　　/

○ 오늘의 구절을 적어 보세요.

028

주님에의 애틋한 그리움

8 내 구원은 바로 당신이시니,
당신 날개 그늘 아래 나는 마냥 좋으니이다
9 내 영혼이 당신께 의지하올 때,
이 몸을 바른손으로 붙들어 주시나이다
10 그러나 내 생명을 없애려 노리는 자들은,
땅속 깊은 데로 들어가리이다
11 그들은 칼날에 맡기어져서,
승냥이의 밥이 되고 말으오리다
12 거짓말하는 그 입들이 닫히게 될 때,
임금은 주 안에서 기꺼우리다
주님 두고 맹서하는 이들 영광스러우리이다

시편 63,2–12

○ 더 깊이 묵상하기

삶에서 찾는 수많은 것들이 가치가 있어 보일 때도 있지만, 하느님처럼 우리를 만족시킬 수 없음을 깨닫게 됩니다. 하느님께 모든 가치를 두는 마음을 가져 봅시다.

Date / / /

○ 오늘의 구절을 적어 보세요.

○ 주님께 드리는 기도

시편 쓰기

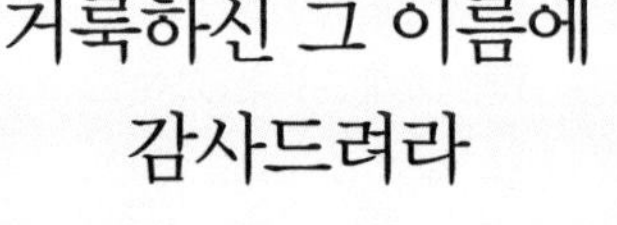

거룩하신 그 이름에 감사드려라

029

죽음을 벗어난 이의 감사

2 야훼님, 나를 구하셨으니,
원수들이 나를 웃지 못하게 하셨으니
내 당신을 높이 기리려 하나이다
3 야훼 내 하느님, 당신께 부르짖었삽더니,
이 몸을 낫우어 주시었나이다
4 주여, 내 영혼을 명부에서 건져 주시고,
구렁으로 들지 않게 되살려 주셨나이다
5 야훼님 찬양하라, 너희 그 성도들아
거룩하신 그 이름에 감사드려라
6 그 노여우심은 잠시 뿐이나,
그 어지심은 한평생 가나니
울음이 저녁에 깃들여도,
새벽이면 즐거움이 있나니.
7 나는 편안할 때 말하였노라
"절대로 흔들림이 없으리라"고.

시편 30,2–7

○ 더 깊이 묵상하기

어려움을 겪을 때 주님의 도우심을 받으면서 믿음이 한층 더 깊어집니다. 주님의 도우심을 받은 때를 떠올리며 시편 저자처럼 흔들리지 않는 마음을 가져 봅시다.

Date / / /

○ 오늘의 구절을 적어 보세요.

○ 주님께 드리는 기도

030

죄 사함받은 이의 행복

1 복되다, 그 죄 사하여지고,
그 허물 씻어진 이여
2 주께서 탓을 아니 돌리시고,
마음에 거짓이 없는 사람이여 복되도다
5 내가 당신께 죄를 고백하고, 잘못을 아니 감추며
“주님께 내 죄악을 아뢰나이다” 하였을 제,
내 죄의 잘못을 용서해 주셨기에
6 경건한 모든 이가 그 아쉬운 때에,
당신께 빌으오리다
큰물이 들이닥칠지라도,
그에게는 미치지 못하리이다
7 당신은 내 피난처, 곤경에서 나를 지켜 주시고,
구원의 기쁨으로 나를 휘감아 주시리이다

시편 32,1–2.5–7

○ 더 깊이 묵상하기

우리는 죄를 지으면, 죄를 뉘우치며 하느님 앞에서 죄를 고백합니다. 그런 우리를 기꺼이 용서하시는 하느님 앞에서 죄를 짓지 않겠다는 마음을 굳게 다져 봅시다.

Date　　/　　/　　/

○ 오늘의 구절을 적어 보세요.

○ 주님께 드리는 기도

031

의인을 도우시는 야훼

9 주님이 얼마나 좋으신지, 너희는 보고 맛들여라
복되다 그 님께 몸을 숨기는 사람이여
11 가멸진 이 없이 되어 굶주리게 되었어도,
주님을 찾는 이는 아쉬운 복 없도다
16 주님의 눈은 의인을 굽어보시고,
당신의 귀는 그 부르짖음을 들으시나니.
18 의인들이 외치는 소리를 주께서 들으시고
그들의 근심 걱정을 다 풀어 주시었도다
19 마음이 부서진 이를 주는 가까이하시고,
넋이 꺾인 이들을 구하시도다
20 올곧은 사람은 불행이 많아도,
주님은 그 모든 고난에서 건져 주시며
21 고스란히 그의 뼈를 지켜 주시니,
그 마디 하나도 아니 부러지리라

시편 34,9.11.16.18–21

○ 더 깊이 묵상하기

우리는 '좋은 것'을 놓칠까 봐 두려워합니다. 그러나 우리에게는 주님이 가장 좋으십니다. 좋으신 하느님을 찬미하고 그분께 감사하는 마음을 다져 봅시다.

Date / / /

○ 오늘의 구절을 적어 보세요.

○ 주님께 드리는 기도

032

의인은 빨마처럼 무성하고

6 야훼님, 하신 일들이 얼마나 크옵시며,
생각하심 그 얼마나 깊으시니이까
8 악한 자 풀처럼 돋아나고,
죄짓는 자 한창 꽃필지라도 —
그들은 영원히 없어질 것들,
9 야훼님, 당신만은 영원토록 높으시니이다
13 의인은 빨마처럼 무성하고,
레바논의 체드루스처럼 자라나리니
14 야훼님 집안에 심어진 그들은,
하느님의 뜰에서 꽃피리이다
15 늙어서도 그들은 열매를 맺으며,
진기 있고 싱싱하오리니
16 그들은 주께서 얼마나 바르심을
내 바위, 당신께는 하자 없으심을 널리 알리리이다

시편 92,6,8–9.13–16

○ 더 깊이 묵상하기

우리의 노고와 감정에 상관없이, 하느님께 감사드리는 것은 참으로 좋은 일입니다. 어떤 상황에서든 하느님께 감사할 수 있는 마음을 청해 봅시다.

Date　　/　　/　　/

○ 오늘의 구절을 적어 보세요.

○ 주님께 드리는 기도

033

주님을 사랑하노라(상)

1 주님을 나는 사랑하노라,
당신은 애원하는 소리를 들어 주시고
2 내 당신을 부르던 그 날,
당신의 귀를 기울여 주셨음이로다
3 죽음의 올가미가 나를 에우고,
지옥의 올무가 나를 덮쳐,
슬픔과 괴로움에 잠겨 있었노라
4 나는 당신 이름 부르며 빌었었노라
"주여, 이 목숨 살려 주소서" 하고.
5 주님은 의로우시고, 다정도 하시어라,
우리들의 하느님은 인자도 하시어라
6 순진한 사람을 주는 지켜 주시니,
가엾던 이 몸을 살려 주셨도다
7 주께서 너를 구하셨으니,
고요로 돌아가라 내 영혼아

시편 116,1ㄴ-7

○ 더 깊이 묵상하기

시편 저자는 죽음이 얼마나 가까운지 드러냅니다. 그러나 주님이 구해 주심에 감사드리며 그분을 찬송합니다. 하느님이 위급한 때 구해 주신 순간을 떠올려 봅시다.

Date　　/　　/　　/

○ 오늘의 구절을 적어 보세요.

○ 주님께 드리는 기도

034

주님을 사랑하노라(하)

1 “모진 고생”을 뇌면서도 나는 굳이 믿었노라
2 답답할 때 나는 말하였노라
“사람은 다 믿을 수 없다”고.
3 내게 주신 모든 은혜, 무엇으로 주님께 갚사오리
4 구원의 잔 받들고서, 주님의 이름을 부르리라
5 그 백성 있는 앞에서, 나의 서원을 채워 드리리라
6 갸륵할손 주님의 눈에, 성도들의 죽음이여,
7 주여 나는 당신의 종, 당신의 종이니이다,
당신 여종의 자식이니다
주께서 내 사슬을 끊어 주셨나이다
8 주여, 당신 이름을 높이 부르며,
찬미의 제사를 올리리이다
9 주님의 모든 백성 앞에서,
나의 서원을 채워 드리리이다
10 주님의 궁전 안뜰에서, 예루살렘 한가운데서.

시편 116,1–10ㄱ

○ 더 깊이 묵상하기

주님은 보답을 바라지 않으시지만, 우리가 그분의 사랑에 응답했을 때, 그분은 매우 기뻐하실 것입니다. 하느님께 보답하는 마음으로 감사의 기도를 바쳐 봅시다.

Date　　/　　/　　/

○ 오늘의 구절을 적어 보세요.

○ 주님께 드리는 기도

035

시온의 귀양을 풀어

1 시온의 귀양을 풀어 주께서 돌려보내실 제,
우리는 마치 꿈만 같았나이다
2 그때에 우리 입은 웃음이 가득하고,
흥겨운 노랫가락 혀에 넘쳤나이다
그때에 이방인이 이르기를
“하느님이 저들에게 큰일을 해 주셨다”
3 주께서 과연 우리에게 큰일을 하셨기에,
우리는 못 견디게 기뻐했나이다
4 주여, 사로잡힌 우리 겨레를,
남녘 땅 시냇물처럼 돌려주소서
5 눈물로 씨 뿌리던 사람들이,
기쁨으로 곡식을 거두리이다
6 뿌릴 씨를 가지고 울며 가던 그들은,
곡식 단 들고 올 제 춤추며 돌아오리이다

시편 126,1–6

○ 더 깊이 묵상하기

바빌론 유배 후 이스라엘 백성들이 조국으로 돌아왔을 때, 그들은 어떻게 이렇게 되었는지 믿기지 않았습니다. 그러나 전능하신 하느님께는 모든 것이 가능합니다.

Date   /   /   /

○ 오늘의 구절을 적어 보세요.

○ 주님께 드리는 기도

036

어지심과 진실하심

3 주님을 부르던 날, 당신은 내게 응답하시고,
내 영혼의 힘을 북돋아 주셨나이다
6 정녕코 야훼님은 높으시어도,
낮고 낮은 사람을 여겨보시며
멀리서도 거만한 자를 아시나이다
7 내 비록 고생길을 걸을지라도
당신은 이 몸을 살려 두시고
당신 손을 펴시어, 원수의 분노 막으시고,
당신 오른손으로 나를 구하여 주시나이다
8 날 위해 시작하신 일,
주는 마치시리다
주여, 너그러우심이 영원하시오니,
손수 하신 당신 일을 버리지 마옵소서

시편 138,3.6–8

○ 더 깊이 묵상하기

우리를 만드신 하느님이 우리에게 품고 계신 계획은 각자 다릅니다. 주님이 나에게 어떤 계획을 품고 계실지 생각하며 그분의 계획이 이루어지기를 청해 봅시다.

Date / / /

○ 오늘의 구절을 적어 보세요.

○ 주님께 드리는 기도

037

야훼님 자비만은 언제나 한결같이

1 야훼님 찬양하라 내 영혼아,
내 안의 온갖 것도, 그 이름 찬양하라
2 내 영혼아 야훼님 찬양하라,
당신의 온갖 은혜 하나도 잊지 말라
3 네 모든 죄악을 용서하시고,
네 모든 아픔을 낫게 하시니
4 죽음에서 네 생명 구하여 내시고,
은총과 자비로 관을 씌워 주시는 분,
5 한평생을 복으로 채워 주시니,
네 청춘 독수리마냥 새로워지도다
6 하느님은 의로운 일을 하시며,
억눌린 자 권리를 도로 찾아 주시도다
7 모세에게 당신의 도를 가르쳐 주시고,
이스라엘 자손에게 당신 일들 알리셨도다
8 주는 너그러우시고 자비로우시며,
분노에 더디시고 매우 인자하시도다

Date　　/　　/　　/

○ 오늘의 구절을 적어 보세요.

037

야훼님 자비만은 언제나 한결같이

9 꾸짖으심이 오래가지 않으시고,
앙심을 끝끝내 아니 품으시도다
10 죄대로 우리를 다루지 않으시고,
우리의 악대로 갚지도 않으시니
11 저 하늘이 땅에서 높고 높은 것처럼,
경외하는 자에게는 너무나 크신 그의 자비.
12 동녘이 서녘에서 사이가 먼 것처럼,
우리가 지은 죄를 멀리하여 주시도다
13 아비가 자식을 어여삐 여기듯이,
주는 그 섬기는 자들을 어여삐 여기시나니
14 당신은 우리의 됨됨이를 알고 계시며,
우리가 티끌임을 아시는 탓이로다
15 인생은 풀과 같고, 들꽃 같은 그 영화,
16 스치는 바람결에도 남아나지 못하고,
다시는 그 자취도 찾아볼 길 없도다

Date　　/　　/　　/

○ 오늘의 구절을 적어 보세요.

037

야훼님 자비만은 언제나 한결같이

17 야훼님 자비만은 언제나 한결같이,
당신을 섬기는 자에게 계시도다, —
그 후손의 후손에까지 당신의 정의는 계시도다
18 당신의 계약을 지키는 자들에게,
그 법을 잊지 않고 실천하는 자들에게.
19 주께서는 하늘에 그 좌를 정하시고,
당신의 왕권은 온 누리를 다스리시도다
20 모든 천사들아 주님을 찬양하라,
당신 말씀 순히 들어, 그 영을 시행하는 능한 자들아.
21 주님을 찬미하라, 그의 모든 군대들아,
그 뜻을 받드는 자 모든 신하들아
22 내 영혼아, 야훼님을 찬양하라,
모든 조물들아 너희는
야훼님을 당신 나라 곳곳에서 찬양들 하라

시편 103,1–22

○ 더 깊이 묵상하기

“내 영혼아 야훼님 찬양하라.” 시편의 메아리가 주님을 찬양한 성모님의 노래로 울려 퍼집니다. 성모님처럼 은총을 베풀어 주신 하느님께 감사와 찬미를 드립시다.

Date / / /

○ 오늘의 구절을 적어 보세요.

○ 주님께 드리는 기도

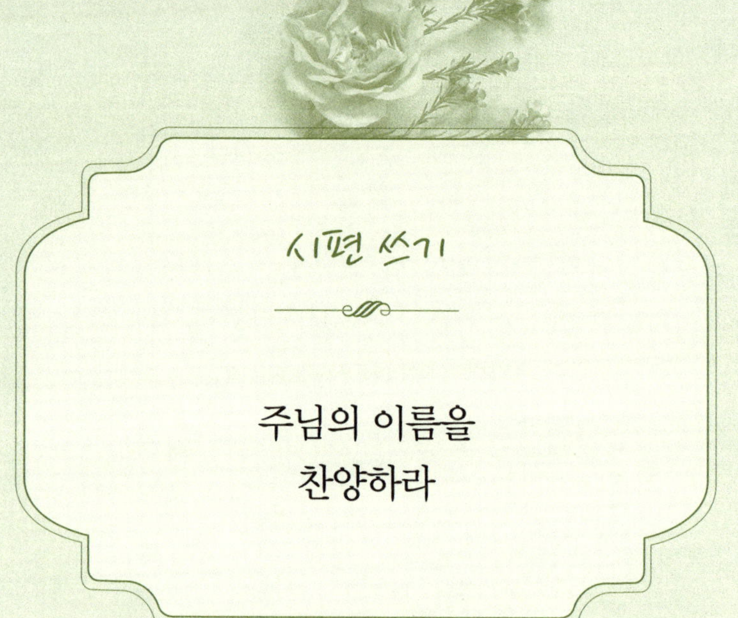

시편 쓰기

주님의 이름을 찬양하라

하느님의 엄위와 인간의 지위

2 하느님 내 주시여,
온 땅에 당신 이름 어이 이리 묘하신고
하늘 위 높다랗게 엄위를 떨치셨나이다
4 우러러 당신 손가락이 만드신 저 하늘하며
굳건히 이룩하신 달과 별들을 보나이다
5 인간이 무엇이기에 아니 잊으시나이까
그 종락 무엇이기에 따뜻이 돌보시나이까
7 손수 만드신 모든 것을 다스리게 하시고
삼라만상을 그의 발아래 두시었으니
8 통틀어 양 떼와 소들과 들짐승하며
9 하늘의 새들과 바다의 물고기며
바다 속 지름길을 두루 다니는 것들이오이다
10 하느님 내 주시여,
온 땅에 당신 이름 어이 이리 묘하신고

시편 8,2.4–5.7–10

○ 더 깊이 묵상하기

끝없이 펼쳐진 우주를 떠올리면, 이 모든 것을 만드신 하느님에 대한 경탄으로 가득 찹니다. 주님이 이루신 위대한 창조를 마음에 품으며 그분을 찬양합시다.

Date ______ / ______ / ______ /

○ 오늘의 구절을 적어 보세요.

○ 주님께 드리는 기도

당신은 온 세상을 정의로 다스리시리라

1 새로운 노래를 주께 불러 드려라,
묘한 일들 당신이 하시었도다
당신의 오른손이, 거룩하신 그 팔이,
당신의 승리를 마련하였도다
2 주께서 구원하심 드러내 보이시고,
그 정의 백성들 앞에서 밝히셨도다
4 온 세상아, 주님 앞에 덩실덩실 춤추어라,
즐기어라, 기뻐하라, 고에 맞춰 노래하라
5 수금을 타면서 주님을 노래하라,
수금에 가락 맞춰 노래 불러라
9 주께서 오시나니, 주님 앞에서,
세상을 다스리러 주께서 오시나니,
당신은 온 세상을 정의로 다스리시리라,
공평하게 백성들을 다스리시리라

시편 98,1-2.4-5.9

○ 더 깊이 묵상하기

하느님은 당신을 믿는 모든 사람에게 언제나 진실하시며 공평하십니다. 시편 저자처럼 우리 모두를 구원하시는 주님께 감사의 기도와 성가를 바쳐 봅시다.

Date / / /

○ 오늘의 구절을 적어 보세요.

○ 주님께 드리는 기도

040

야훼님 좋으시다, 영원하신 그 사랑

1 온 누리 반기어 야훼께 소리쳐라
2 기쁨으로 야훼님 섬겨 드려라,
춤추며 당신 앞에 나아가라
3 야훼는 하느님, 너희는 알라,
우리를 내셨으니, 우리는 당신의 것,
당신 백성이어라, 기르시는 그 양 떼이어라
4 고마우심 노래하며 당신 문으로,
찬미하며 들어가라 그 뜰 안으로
주님께 감사하라, 그 이름을 찬양하라
5 야훼님 좋으시다, 영원하신 그 사랑,
당신의 진실하심, 세세에 미치리라

시편 100,1–5

○ 더 깊이 묵상하기

주님은 언제 어느 때나 우리를 보살피시기에, 주님의 좋으심을 미처 느끼지 못할지도 모릅니다. 어떠한 상황 속에서도 좋으신 주님을 믿는 마음을 청해 봅시다.

Date　　/　　/　　/

○ 오늘의 구절을 적어 보세요.

○ 주님께 드리는 기도

041

야훼님 하신 일들 하도 크시어

1 야훼님 기리리라, 이 마음 다하여,
의인들 모임에서 큰 모임에서
2 야훼님 하신 일들 하도 크시어,
그 좋아하는 이들 익혀야 하리로다
3 두렵고 눈부셔라 당신의 일들,
그 의로우심은 영원하도다
4 그 묘한 일들을 기념토록 하셨으니,
주는 인애로우시고 자비하셔라
9 당신의 백성에게 구속을 내리시어,
영원히 당신 계약을 굳히셨도다
그 이름 거룩하고, 두려우시도다
10 주님을 두려워함은 지혜의 시초이니,
그대로 하는 자는 슬기를 가지나니
주님을 찬송함이 영원하리로다

시편 111,1-4.9-10

○ 더 깊이 묵상하기

하느님은 이스라엘과의 계약을 기억하시며 그들이 어려움을 겪을 때마다 구원해 주셨습니다. 하느님이 우리에게 이루신 구원을 생각하며 그분을 찬미합시다.

Date / / /

○ 오늘의 구절을 적어 보세요.

○ 주님께 드리는 기도

042

주님의 이름을 찬양하라

1 할렐루야.
찬양하라, 주님을 섬기는 자들아,
주님의 이름을 찬양하라
2 이제부터 영원까지 찬미하라, 주의 이름
3 해 뜨는 데서부터 해 지는 데까지,
주님의 이름은 찬미받으소서
4 야훼님 만민 위에 드높으시고,
그 영광은 하늘 위에 높으시도다
5 그 누가 우리 하느님, 야훼께 비길손가
6 드높이 앉아 계셔, 하늘땅을 굽어보시거늘?
7 없는 이를 티끌에서 일으키시고,
가난한 이 거름에서 일으키시어
8 당신 백성 으뜸들, 그 으뜸들과,
한자리에 있게 하시었도다

시편 113,1–8

○ 더 깊이 묵상하기

하느님은 위대하시지만, 당신이 창조하신 모든 피조물을 굽어 살피십니다. 피조물을 돌보시는 인자하신 하느님을 떠올리며 겸손한 마음으로 그분을 찬양합시다.

Date / / /

○ 오늘의 구절을 적어 보세요.

○ 주님께 드리는 기도

043

뭇 나라 백성들아

1 할렐루야.
뭇 나라 백성들아, 주님을 찬미하라
온 세상 사람들아, 주님을 찬미하라
2 주님 사랑 우리 위에 꿋꿋하셔라
주님의 진실하심 영원하셔라
할렐루야

시편 117,1–2

○ 더 깊이 묵상하기

시편 저자는 모든 인류가 주님을 찬미하라고 말합니다. 하느님을 믿는 이들과 더불어 믿지 않는 이들도 그분을 찬미하는 그 날이 오기를 기도합시다.

Date / / /

○ 오늘의 구절을 적어 보세요.

○ 주님께 드리는 기도

044

야훼님 영원히 왕 하시리니

1 할렐루야.
야훼님 찬양하라 내 영혼아
2 한평생 주님을 찬미하라.
이 생명 다하도록 내 하느님 기리리라
3 대관들을 믿으려 하지들 말라.
인간은 구원을 갖지 못한 것,
4 숨 한번 끊어지면 흙으로 돌아가고,
그때에는 모든 생각 없어지고 마는 것.
5 야곱의 하느님이 그의 구원이신 자,
그의 희망, 야훼 하느님이신 자는 복되어라
6 그 주님 만드셨도다 하늘과 땅을,
바다와 그 안에 있는 모든 것을.
당신은 언제나 신의를 지키시고
7 억울한 사람들을 정의로 판단하시며,
굶주린 이에게는 빵을 주시도다
주님은 사로잡힌 이를 풀어 주시고

Date / / /

○ 오늘의 구절을 적어 보세요.

044

야훼님 영원히 왕 하시리니

8 주님은 소경의 눈을 열어 주시며,
주님은 억눌린 이 일으켜 주시며,
주님은 의로운 이를 사랑하시도다
9 주님은 나그네를 지켜 주시고,
고아와 과부를 길러 주시나
악한 자의 길만은 어지럽게 하시도다
10 야훼님 영원히 왕 하시리니,
시온아 네 하느님 세세에 계시도다.
할렐루야

시편 146,1–10

○ 더 깊이 묵상하기

우리는 다른 사람들에게 의존할 때가 많습니다. 그러나 누구도 우리를 구원하지 못합니다. 우리를 구원하시는 영원한 임금이신 하느님께 굳은 믿음을 둡시다.

Date / / /

○ 오늘의 구절을 적어 보세요.

○ 주님께 드리는 기도

시편 쓰기

우리들 마음이 슬기를 얻게 하소서

045

주님 앞에 나아갈 깨끗한 마음

1 주여 당신 장막에 묵을 이 누구오리까
거룩한 당신 산에 살을 이 누구오리까
2 허물없이 살아가며 의를 하는 이
마음속에 진리를 품은 사람이외다
3 제 혀로 하리질 아니하는 이,
벗에게 해로운 일 아니하는 이
이웃을 비방하지 않는 사람이외다
4 악한 자를 눈 아래 얕이 보아도
주를 섬기는 이면 존경하는 그 사람이외다
5 해 돌아올 맹서라도 어김없이 지키는 이
길미를 받으려고 돈을 놓지 않는 이 —
무죄한 이 다칠세라 뇌물 받지 않는 이오니
이같이 하는 그 사람은, 쓰러질 리 없으오리다

시편 15,1–5

○ 더 깊이 묵상하기

하느님은 잘못된 생활을 하면서 바치는 제물을 즐기지 않으십니다. 오히려 이웃들을 사랑하고 죄를 저지르지 않을 때 하느님은 가장 기뻐하실 것입니다.

Date / / /

○ 오늘의 구절을 적어 보세요.

○ 주님께 드리는 기도

046

창조주시요 입법자이신 하느님

2 하늘은 하느님의 영광을 얘기하고,
창공은 그 손수 하신 일을 알려 주도다
3 낮은 낮에게 말을 전하고,
밤은 밤에게 지식을 전하도다
4 그 말도 이야기도, 비록 소리 없어도
5 그 소리 온 땅으로 퍼져 나가고,
그 말은 땅끝까지 번져 가도다
8 주님의 법은 완전하여, 생기를 도와주고,
주님의 법은 건실하여 둔한 자를 가르치고
9 주님의 계명은 올바르니 마음을 즐겁게 하고,
주님의 법은 환하시니 눈을 밝혀 주도다
10 주님의 경외함은 순전하니, 영원히 남고
주님의 판단은 참다우니, 모두가 다 옳도다

시편 19,2-5ㄴ.8-10

○ 더 깊이 묵상하기

하느님의 법을 지키며 살 때, 우리는 기쁨과 행복을 누립니다. 하느님과 이웃에 대한 사랑과 감사로 마음을 즐겁게 하며 그분을 온전히 따르길 청해 봅시다.

Date / / /

○ 오늘의 구절을 적어 보세요.

○ 주님께 드리는 기도

047

복되다 하느님을 두려워하는 이여

1 복되다 하느님을 두려워하는 이여,
당신의 계명을 큰 낙으로 삼는 이여.
2 그 후손은 세상에서 강성하리라,
의인의 자손은 축복을 받으리라
3 재산과 부요함이 그의 집에 있고,
그 의로움이 항상 남아 있으리라
4 인자하고 자비롭고 의로운 그는,
어둠 속의 빛처럼 바른 사람을 비추도다
5 복되다 인정 있고 꾸어 주는 사람,
올바로 자기 일을 처리하도다
6 흔들림이 항상 그에게 없고,
언제나 의인으로 기억에 남기리라
7 언짢은 소식에도 그는 아니 놀라니,
주께 바라는 그 마음 든든하여라

시편 112,1–7

○ 더 깊이 묵상하기

하느님은 우리에게 언제나 선물을 거저 주십니다. 이렇게 받은 선물을 주변 사람들, 특히 도움이 필요한 사람들에게 나눌 수 있는 마음을 청해 봅시다.

Date / / /

○ 오늘의 구절을 적어 보세요.

○ 주님께 드리는 기도

048

주님의 섭리

1 주께서 집을 아니 지어 주시면,
그 짓는 자들 수고가 헛되리로다 —
주께서 도성을 아니 지켜 주시면,
그 지키는 자들 파수가 헛되리로다
2 이른 새벽 일어나 늦게 자리에 드는 것도,
수고의 빵을 먹는 것도 너희에게 헛되리니 —
주님은 사랑하시는 자에게
그 잘 때에 은혜를 베푸심이로다
3 보라, 주님의 선물은 자식들이요,
태중의 소출은 그 상급이로다
4 젊으나 젊어서 얻은 자식은,
무사의 손에 있는 화살이니
5 전동이 그득한 자는 실로 복되도다,
성문에서 원수와 말다툼할 때,
수치를 당함이 없으리로다

시편 127,1–5

○ 더 깊이 묵상하기

자녀는 하느님이 주신 선물입니다. 인간의 이기심에 태아의 생명이 위협받는 이 세상에서, 사람들이 하느님이 주신 생명의 선물을 소중히 간직하도록 기도합시다.

Date / / /

○ 오늘의 구절을 적어 보세요.

○ 주님께 드리는 기도

주께서 시온에서 네게 복을 내리시어

1 복되어라. 하느님을 두려워하고,
그 도를 닦는 자는.
2 수고의 열매를 먹고 살리니,
너는 복되고 모든 일이 잘되리라
3 너의 집 안방에는 네 아내가,
마치도 열매 푸진 포도나무인 듯
너의 상 둘레에는 네 자식들이,
마치도 올리브의 햇순들 같도다
4 옳거니, 하느님을 두려워하는 사람은,
이렇듯이 복을 받으리로다
5 주께서 시온에서 네게 복을 내리시어,
한평생 예루살렘의 번영을 보게 하시기를,
6 네 자식들, 또 자식들을 보게 하여 주시기를
이스라엘에 평화가 있기를 빌고 바라노라

시편 128,1–6

○ 더 깊이 묵상하기

성공은 저절로 이루어지지 않습니다. 하느님이 복을 내려 주시지 않는다면, 진정으로 성공할 수 없습니다. 이를 늘 기억하며 그분의 도우심을 청해 봅시다.

Date / / /

○ 오늘의 구절을 적어 보세요.

○ 주님께 드리는 기도

050

형제들 오순도순

1 좋기도 할시고, 아기자기한지고,
형제들 오순도순 한데 모여 사는 것
2 향기 짙은 기름이 머리 위에서,
수염까지 아론의 수염에까지
옷깃까지 내려서 흐름 같아라
3 시온 산, 산들의 등성이마다,
헤르몬의 이슬이 내림 같아라
저곳에서 주님이 복을 내려 주시니,
무궁한 생명이 아닐손가

시편 133,1–3

○ 더 깊이 묵상하기

부활하신 예수님은 당신 몸인 교회 안에서 당신과 하나 되고, 제자들도 서로 하나가 되게 하셨습니다. 주님 안에서 서로 일치된 공동체를 이루도록 청해 봅시다.

Date / / /

○ 오늘의 구절을 적어 보세요.

○ 주님께 드리는 기도

051

인생은 …… 덧없이 지나가고

1 주여, 당신은 대대로
우리의 피난처가 되시었나이다
2 산들이 생기기 전에,
땅이며 누리가 나기도 훨씬 전에,
영원에서 영원까지 하느님은 계시나이다
3 사람을 먼지로 돌아가게 하시며,
당신은 말씀하시나이다
"인간의 종락아, 돌아가라"고.
4 천 년도 당신 눈에는 지나간 어제 같고,
한 토막 밤과도 비슷하오니
5 당신이 앗아 가면, 그들은 한바탕 꿈,
아침에 돋아나는 풀과 같이,
6 아침에 피었다가 푸르렀다가,
저녁에 시들어서 말라 버리나이다
7 진정 성내실 제 우리는 다하여지고,
진노하실 제 소스라쳤나이다

Date / / /

○ 오늘의 구절을 적어 보세요.

051

인생은 …… 덧없이 지나가고

8 당신은 우리 허물을 눈앞에 놓으시고,
우리의 숨은 죄들을 밝으신 앞에 두셨나이다
9 진노하신 가운데 우리의 모든 날이 흘렀사오니,
한숨처럼 우리 세월이 가 버렸나이다
10 인생은 기껏해야 칠십 년, 근력이 좋아서야 팔십 년,
그나마 거의가 고생과 슬픔이오니 덧없이 지나가고,
우리는 나는 듯 가 버리나이다
11 그 누가 당신 분노의 능력을 아오리까?
진노하심을 옳게 두려워하오리까
12 날수 셀 줄 알기를 가르쳐 주시어,
우리들 마음이 슬기를 얻게 하소서
13 주여 돌아오소서, 언제까지오리까?
당신의 종들을 어여삐 여기소서
14 새벽부터 넘치도록 자비를 베푸시어,
우리 한생 즐겁고 기쁘게 하소서

Date / / /

○ 오늘의 구절을 적어 보세요.

051

인생은 …… 덧없이 지나가고

15 우리를 괴롭히신 그 날수만큼,
우리가 불행하던 그 햇수만큼,
그만큼 우리를 즐겁게 해 주소서
16 당신이 하신 일을 종들에게 보이시고,
당신의 영광을 그 자손에게 보이소서
17 하느님 우리 주의 어지심이,
우리 위에 내리옵소서
우리 손이 하는 일에 힘을 주소서
우리 손이 하는 일에 힘을 주소서

시편 90,1-17

○ 더 깊이 묵상하기

영원하고 전능하신 하느님은 유한한 인간에게 언제나 은총을 베풀며 돌보십니다. 하느님이 지금까지 나에게 이루신 일을 하나하나 돌아보는 시간을 가져 봅시다.

Date / / /

○ 오늘의 구절을 적어 보세요.

○ 주님께 드리는 기도

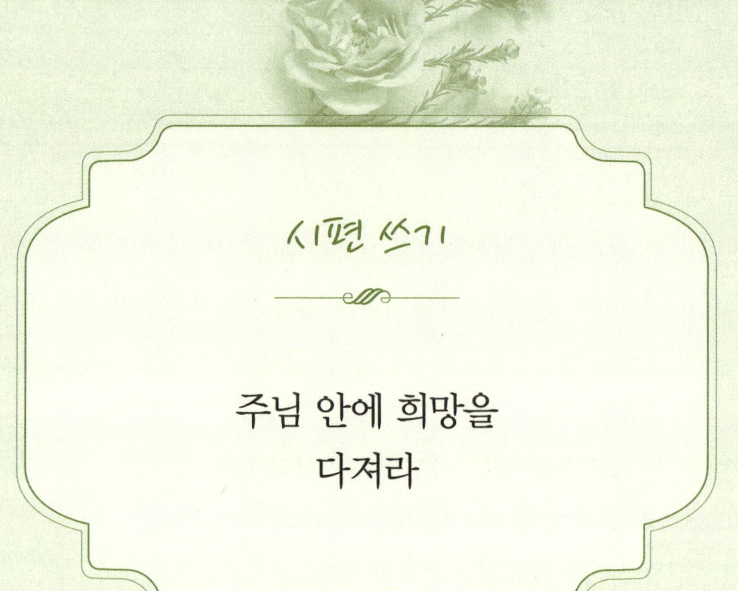

시편 쓰기

주님 안에 희망을 다져라

052

단잠이 깊사오니

3 한다한 사람들아

언제까지나 너희의 마음을 고집할 셈이냐

어찌하여 헛일을 좋아들 하며, 거짓을 찾아서 얻으려느냐

4 너희는 알라,

주님은 충성된 자를 자별하게 다루시나니

내 기도할 때이면 주께서 들어 주시리라

6 의로운 희생을 제사 드리고,

주님 안에 너희 희망 다져 두어라

7 "그 누가 우리에게 좋은 일 보여 줄고!"

이렇듯 말하는 이 여럿이오니

주여, 당신 얼굴의 밝으신 빛을,

드높이 우리에게 보여 주소서

9 자리에 드자마자, 단잠이 깊사오니,

든든히 살게 하심, 홀로 주님 덕이오이다.

시편 4,3–4.6–7.9

○ 더 깊이 묵상하기

시편 저자는 주님 안에 희망을 다지라고 합니다. "그 누가 우리에게 좋은 일을 보여 줄고!" 그분께 온전히 희망을 둘 때, 우리는 주님 품 안에서 편히 잠들 것입니다.

Date　　/　　/　　/

○ 오늘의 구절을 적어 보세요.

○ 주님께 드리는 기도

053

희망은 오직 하느님

2 내 영혼은 잠잠하다 오직 하느님 안에서,
님께로부터 내 구원이 오나니.
3 님만이 나의 바위, 내 구원 내 성채시기에,
나는 절대 흔들리지 아니하리라
6 내 영혼아 고이 쉬라 오직 하느님 안에서,
님께로부터 내 구원이 오나니.
7 님만이 나의 바위, 내 구원, 내 성채시기에,
나는 절대 흔들리지 아니하리라
8 내 구원 내 영광이 하느님께 있나니,
하느님은 굳센 바위, 내 피난처시다
9 백성들아, 너희 항상 주께 바라라,
당신 앞에 너희 마음 열어 놓아라
우리의 피난처는 하느님이시다

시편 62,2–3.6–9

○ 더 깊이 묵상하기

하느님 안에 온전히 머무를 때, 그분은 우리가 흔들리지 않게 해 주실 것입니다. 하느님을 온전히 신뢰하며 그분 안에서 쉬는 시간을 가져 봅시다.

Date / / /

○ 오늘의 구절을 적어 보세요.

○ 주님께 드리는 기도

054

나이 늙어 백발이 될 때라도

1 야훼님, 내 바라는 곳 님이시오니,
결단코 부끄럼을 당하지 말게 하소서
2 당신의 정의로 날 건져 살려 내시고
내 하소연 익히 들으사, 구원해 주소서
3 몸 숨길 바위, 굳센 보루 되시와 날 살리소서
내 바위 내 보루가 님이 아니오니까
4 악한 자의 손에서 주여 날 빼내소서
무도하고 잔인한 자의 손아귀에서.
5 주여 내 믿는 데 당신이시고
어려서부터 나의 희망 야훼님이외다
6 어미의 품안에서부터 님은 나의 힘,
모태에서부터 님은 내 의지시오니
나는 언제나 당신을 믿었나이다
7 님이 날 든든히 보아주셨기에
사람들은 나를 기적같이 여겼나이다

Date　　/　　/　　/

○ 오늘의 구절을 적어 보세요.

054

나이 늙어 백발이 될 때라도

8 내 입은 님의 찬미로 가득 차 있고
진종일 당신께 영광을 드리나이다
9 나이 늙어 이 몸을 버리지 마옵시고
내 기운 다하였을 제 던져 두지 마옵소서
10 원수들이 나를 들어 말들을 하며,
내 영혼을 노리는 자들 서로 이야기하며
11 "하느님이 버렸으니, 그를 쫓아가 붙들어라
아무도 구해 줄 이 없다" 하나이다
12 하느님 내게서 멀리 계시지 마옵시고
내 주여 어서 오시어 나를 도와주소서
13 내 목숨을 노리는 자 허둥대며 망하게 하시고
나를 모해하는 자 망신에 망신을 당하게 하소서
14 나만은 언제나 희망을 가지고
날로 더욱 당신을 찬양하리이다
15 진종일 내 입은 당신 정의를 이야기하리이다
헤아릴 수 없는 당신의 그 도우심을.

Date / / /

○ 오늘의 구절을 적어 보세요.

054

나이 늙어 백발이 될 때라도

16 야훼님 하신 그 위업을 말하리이다
당신만이 지니신 정의를 널리 알리리이다
17 하느님, 젊어서부터 날 가르치셨으니
묘하신 그 일들을 이때껏 일컫나이다.
18 나이 늙어 백발이 될 때라도,
하느님, 이 몸을 버리지 마옵소서
당신의 팔, 당신의 그 힘을
이제와 뒷사람에게 전하리이다
19 아울러 큰일을 이룩하옵신,
하늘까지 닿는 그 정의를 말하오리니
하느님 누구 있어 당신과 같으리이까?
20 하고한 고생과 불행을 내게 지워 주셨어도
나를 되살리사, 땅 깊은 곳에서 다시 끌어 올리시리다
21 나를 더욱 장하게 만드시옵고,
돌이켜 나를 위로하소서

Date / / /

○ 오늘의 구절을 적어 보세요.

054

나이 늙어 백발이 될 때라도

22 이 몸도, 하느님, 그 미더우심을,
거문고 켜면서 노래하리다
현금을 타며 당신께 읊어 드리리이다,
이스라엘의 거룩한 님이시여
23 당신을 찬미할 때, 내 입술은 방실방실
속량하신 영혼도 너울너울 기쁘리다
24 내 혀도 종일토록 당신 정의를 일컬으리니
날 모해하던 자는 부끄러워 낯없이 되고 말았나이다

시편 71,1–24

○ 더 깊이 묵상하기

하느님은 우리를 버리지 않으십니다. 그분은 우리 모두를 불멸의 영혼으로 창조하셨습니다. 하느님의 뜻과 은총 안에서 기쁘게 나이 들기를 청해 봅시다.

Date   /   /   /

○ 오늘의 구절을 적어 보세요.

○ 주님께 드리는 기도

시편 쓰기

마무리

모두 주님을 찬미하라

055

할렐루야

1 할렐루야.
주님을 찬미하라, 그의 성소 안에서
우람한 (그의) 하늘에서 주님을 찬미하라
2 그 하신 일 놀라워라 주님을 찬미하라
그지없이 크오셔라 주님을 찬미하라
3 나팔 소리 우렁차게 주님을 찬미하라
비파와 고를 타며 주님을 찬미하라
4 손북 치며 춤추며 주님을 찬미하라
현악기에 피리로 주님을 찬미하라
5 처르렁 바라 치며 주님을 찬미하라
바라 소리 울리며 주님을 찬미하라
6 숨쉬는 것 모두 다
주님을 찬미하라
할렐루야

시편 150,1–6

○ 더 깊이 묵상하기

살다 보면 어떻게 이런 일이 있을까 싶을 정도로 놀라운 일들을 보게 됩니다. 하느님이 세상에 이루신 여러 가지 일들을 떠올리며, 그분께 찬미의 기도를 바칩시다.

Date / / /

○ 오늘의 구절을 적어 보세요.

○ 주님께 드리는 기도

아가 쓰기

사랑하는 내 님이여

신부, 신랑의 사랑을 노래하다

2 당신의 입, 그 입술로 날 키스해 주셨으면!
포도주보다 더 맛깔진 당신의 사랑
3 싱그럽기 그지없는 당신의 방향
향유처럼 풍기는 당신의 이름
그러기에 처녀들이 당신을 사랑하오
4 날 이끌어 당신 뒤따르게 하오
어서 줄달음쳐 같이 갑시다
14 나에게 있어서 사랑하는 내 님은
엔 게디 포도원의 헤나의 꽃송이
16 이 가슴 뿌듯해 오는 나의 사랑
정말로 우리 침상은 푸르옵니다
17 우리 집 대들보는 향백나무
우리네 격자 천장은 실편백나무.

아가 1,2-4ㄴ.14.16ㄴ-17

○ 더 깊이 묵상하기

아가에서는 사랑하는 두 사람의 관계에 주의를 깊이 기울입니다. 그리고 인간적인 사랑은 예수 그리스도와 교회 사이의 사랑의 성사가 됩니다.

Date / / /

○ 오늘의 구절을 적어 보세요.

○ 주님께 드리는 기도

057

신랑과 신부가 부르는 사랑의 노래

8 사랑하는 임의 소리 들리는구나
산과 산을 넘으면서 고개 위로 뛰시면서
저렇듯 이곳으로 오시는구나
10 바야흐로 말문을 여시는 님이
이런 말을 나에게 들려주셨다
아름다운 그대여 내 사랑이여
일어나서 내게로 어서 와 다오
11 겨울은 이미 가고 비도 멎어 버리고
12 땅에는 꽃이 피고 노래철 다가와서
산비둘기 노랫소리 이 고장에 들리잖나
16 내 님은 나의 것 나도 님의 것
백합꽃 사이에서 양 떼를 먹이시네
17 저녁 바람 불기 전에 그늘이 가기 전에
사랑하는 님이여 돌아오세요

아가 2.8.10–12.16–17ㄴ

○ 더 깊이 묵상하기

사랑의 목소리는 나가라고, 봄의 부름에 자신을 내맡기라고 초대합니다. 새로운 생명이 움트는 봄을 떠올리며, 그 흐름을 마음 깊이 느껴 봅시다.

Date / / /

○ 오늘의 구절을 적어 보세요.

○ 주님께 드리는 기도

058

신랑을 찾아다니는 신부

1 기나긴 밤 잠자리서 나는 찾았네
찾아도 못 만났네 내 사랑, 임을
2 떨치고 일어나 읍으로 가리
이 거리 저 광장을 두루 거치며
사랑하는 내 님을 찾아가 보리
찾기는 하였어도 못 만나고 말았네
3 읍내를 순행하던 순라군을 만나서
내 님을 보았느냐 물어 보았네
4 그들과 헤어진 지 얼마 안 되어
내 영혼의 사랑, 님을 만나 뵙나니
한 번 붙든 당신을 놓칠 리 없네
내 어머니 집의 내가 난 방에
기어코 당신을 뫼시고야 말리

아가 3,1-4

○ 더 깊이 묵상하기

사랑은 밖으로부터, 자연으로부터, 근본적으로는 하느님께로부터 옵니다. 하느님께 받은 사랑을 가족과 주변 사람들에게 베푸는 시간을 가져 봅시다.

Date / / /

○ 오늘의 구절을 적어 보세요.

○ 주님께 드리는 기도

059

아름다운 신부의 모습

10 내 누이 새색시야 그대 사랑은
더할 나위 없이 아리땁구나
술보다 진진한 그대의 사랑
온갖 향유 내음보다 싱그러운 그대 방향
11 꿀이 솟아나는 색시의 입술
그대의 혀 밑에는 젖과 꿀이 고였고
옷에서 풍겨 오는 향긋한 내음
이 바로 레바논의 방향이구나
12 내 누이 새색시는 굳게 닫힌 동산
굳게 닫힌 동산 밀봉해 둔 샘
13 그대의 동산은 석류의 낙원
갖가지 맛난 과일 헤나와 나르드
16 북녘 바람 일어라 남풍아 오라
내 동산에 건듯 불어 그 향기 떨쳐 다오

아가 4,10–13.16

○ 더 깊이 묵상하기

아가의 저자에 따르면, 여성은 남성이 낙원으로 들어가도록 하느님이 그에게 주신 선물입니다. 우리가 하느님께 받은 선물이 무엇이 있는지 떠올려 봅시다.

Date / / /

○ 오늘의 구절을 적어 보세요.

○ 주님께 드리는 기도

060

신부와 사라진 신랑

2 (신랑)

나는 잠자고 있어도 마음은 깨었었다
내 님이 부르시는 저 목소리
내 누이 내 사랑아 문을 열어라
내 비둘기, 티 없는 나의 사람아
내 머리는 이슬에 함빡 젖었다
머리털도 밤이슬에 함빡 젖었다

6 (신부)

사랑하는 님에게 문을 열어 드렸건만
당신은 간 데 없어 나는 넋을 잃었소
당신을 찾았건만 만날 수 전혀 없고
당신을 불렀건만 대답 하나 없었소
8 예루살렘 처녀들아 제발 덕분 부탁이니
혹시 내 님 만나거든 여쭈어 다오,
님 그리다 나는 병들었다고

아가 5,2.6.8

○ 더 깊이 묵상하기

아가의 저자는 연인 관계의 위기에 대해 이야기하며, 삶의 구체적인 현실을 묘사합니다. 주변 사람들과의 관계에서 겪었던 위기를 떠올려 봅시다.

Date / / /

○ 오늘의 구절을 적어 보세요.

○ 주님께 드리는 기도

다시 만난 신랑과 신부

2 (신부)

우리 님은 동산으로 내려가셨다
우거진 향초 밭으로 가셨단다
꽃밭에서 당신의 양 떼를 치며
백합을 꺾으려고 가셨단다

3 나는 내 님의 것, 내 님은 나의 것
나리꽃 가운데서 양 떼를 친다

4 (신랑)

사랑하는 내 사람아 정말 그대는
티르차에 못지 않게 아름다웁다
예루살렘 모양으로 황홀도 하다

10 (코러스)

달처럼 어여쁘고, 해처럼 눈부시고
새벽처럼 솟아오르고
군인처럼 위풍당당한 그가 대체 누구인가

아가 6,2–3.4.10

○ 더 깊이 묵상하기

아가의 여성은 전쟁과 평화를 동시에 지냅니다. 이러한 사랑의 힘을 가장 잘 볼 수 있는 자리가 바로 예수님의 십자가입니다. 그분의 힘은 약함에 있었습니다.

Date / / /

○ 오늘의 구절을 적어 보세요.

○ 주님께 드리는 기도

062

사랑을 속삭이는 신랑과 신부

9 (신랑)

나는 오르리라 그 나무 위로
그리고 그 열매를 나는 따리니
그대의 젖가슴은 포도송이 되어 다오
향그러운 그대 입김 능금 내음 닮아 다오
10 그대 말은 입에 달은 진한 포도주
입술로 이 사이로 스며드는 포도주

11 (신부)

이 몸은 님의 것, 님이 날 그리시니
12 오십시오 우리 님 들녘으로 갑시다
시골에서 밤이나 함께 드새 봅시다
13 아침이면 일찍이 포도밭에 가
포도 순이 나오는지 꽃이 피는지
석류꽃이 피는지를 구경합시다
나는 게서 바치리다 사랑의 선물

아가 7,9-13

○ 더 깊이 묵상하기

"들녘으로 갑시다." 아가의 저자는 자연에 나가자고 초대합니다. 우리는 자연을 잘 바라보려 하지 않습니다. 자연 안에서 사랑의 의미를 생각해 봅시다.

Date / / /

○ 오늘의 구절을 적어 보세요.

○ 주님께 드리는 기도

063

죽음보다 강한 사랑

7 사랑은 죽음처럼 힘이 억센 것
질투는 무덤처럼 정이 없는 것
사랑의 화살은 불로 된 화살
8 큰물도 사랑만은 끌 수가 없고
강물도 쓸어 가지 못하옵니다
11 나는 성벽입니다 내 가슴은 탑
그러기에 나는 그이의 눈에
평화를 지닌 것처럼 보였습니다
14 동산 안에 살고 있는 아 그대여
내 벗들이 그대 목소리 듣고 있으니
나도 제발 그 목소리 듣게 해 주오
15 사랑하는 내 님이여 어서 오셔요
발삼나무 산 위의 어린 수사슴
아니면 양같이 되어 주셔요

아가 8,7-8ㄴ.11.14-15

○ 더 깊이 묵상하기

연인이 합일을 이루듯이, 우리는 하느님과의 친교를 통해 그분과 합일을 이룹니다. 그리고 하느님과의 진정한 만남은 그분과 나누는 사랑의 대화에서 시작됩니다.

Date / / /

○ 오늘의 구절을 적어 보세요.

○ 주님께 드리는 기도

시편과 아가 해설

• 하느님께 드리는 찬미, 시편

시편은 히브리어로 '찬양의 책'이라는 의미다. 그러나 시편을 본 이들은 이 이름에 의문을 품는다. 시편에 실린 수많은 시편 가운데 가장 많은 유형은 바로 탄원이기 때문이다. 이는 다음과 같은 이유에서 그렇다. 탄원을 한다는 것은 누군가에게 의지하는 일이다. 그 누군가를 의지하려면 그 대상에게 희망을 두어야 한다. 그리고 그 대상에게 희망을 둔다는 것이 그 대상을 찬양하고 찬미하는 태도다.

인간이 마주하는 고통과 곤경은 인간의 힘으로 이겨 낼 수 있는 범위를 넘어서는 경우가 많다. 그렇지 않았다면 인간은 의지하지 않고 스스로 모든 일을 처리했을 것이다. 따라서 곤경에 직면해서 시편 저자들처럼 창조주께 의지하는 것은 인간의 힘으로는 어떠한 상황을 바꾸거나 고칠 수 없다는 점, 이를 하실 수 있는 분은 오직 하느님뿐임을 인정한다는 점, 그리고 이 곤경을 하느님이 해결해 주시리라 굳게 믿는다는 점이 내포된다. 스스로 할 수 없는 일을 누군가에게 해 달라고 할 때 그 요청을 들어주는 이를 공경하기 마련이다.

• 시편의 구성

시편은 히브리어 성경에서 율법서와 예언서 다음에 오는 성문서의 첫 번째에 위치하며, 우리가 쓰는 성경에서는 시서와 지혜서에서 두 번째에 위치한다. 시편은 모두 150편으로 이루어져 있는데, 크게 (1) 1–41편, (2) 42–72편, (3) 73–89편, (4) 90–106편, (5) 107–150편 다섯 부분으로 나뉘어져 있다. 시편이 다섯 부분으로 나뉘어져 있는 이유는 확실하게 알 수 없다. 그러나 모세 오경(토라)에 상응한 조처라는 추측이 일찍부터 제기되어 왔다. 시편이 '가르침'을 의미하는 토라와 마찬가지로 기도 안에서의 가르침에 해당하기 때문이라는 것이다. 각 부분의 마지막은 하느님께 드리는 찬미와 축복의 표현으로 마무리된다. 시편 1편은 시편 전체의 서문으로 볼 수 있으며, 150편은 시편 전체를 마무리하는 '종결 찬양'의 구실을 한다.

이러한 구분과 별개로 3–41편, 90–150편에는 하느님의 이름을 '야훼'로 부르고, 42–83편에서는 '엘로힘'이라고 부른다. 그래서 하느님을 '엘로힘'으로 부르는 시편을 '엘로힘 시편'이라고 부르기도 한다. 이밖에도 이른바 머리글에 나오는 사람 이름으로 세분하기도 한다. 이사이의 아들 다윗, 코라의 자손들, 아삽 등으로 나누는 것이다. 아울러 머리글에 따라 120–134편은 '순례 시편'이라고 부르기도 한다. 113–118편, 136편, 146–150편에는 할렐루야가 시편의 앞, 또는 뒤에 자주 나와서 유다교에서는 '할렐'이라고 부르기도 한다.

성서학자들은 이 시편을 유형별로 묶어서 살피기도 한다. 그러나 어떠한 유형인지 개연성에 의존해 짐작할 뿐이다. 한 시편 안에 여러 유형이 혼합되어 있어 어느 한 유형에 한정시킬 수 없는 시편도 많으며, 어느 유형에도 속하지 않는 시편도 많다. 그래서 시편의 유형을 제시하는 것은 조심스러운 일이다. 그러나 크게는 (1) 찬양 시편, (2) 탄원, 신뢰, 감사 시편, (3) 교훈 시편으로 나누어 볼 수 있다.

(1) 찬양 시편

시편 전체에 퍼진 유형으로 이스라엘의 축일을 맞아 전례 때 사용하기 위해 창작되었다는 의견이 있다. 공동체성이 강하게 강조되는데, 대화 형식, 합창, 후렴, 환호와 환성, 아멘이나 할렐루야와 같은 응답에서 이러한 특징이 나타난다. 찬양 노래는 하느님, 시온과 성전, 또는 임금을 그 대상으로 한다.

① **계약의 하느님을 향한 찬양 시편** 8, 19, 33, 100, 103, 104, 111, 113, 114, 117, 134, 135, 136, 145, 146, 147, 148, 149, 150편, 그리고 78, 105, 139편 참조

② **하느님의 통치에 대한 노래** 93, 96, 97, 98, 99편, 그리고 47편 참조

③ **시온의 노래** 46, 48, 76, 84, 87편, 그리고 24, 68, 132편 참조

④ **군왕 시편** 2, 18, 20, 21, 45, 72, 89, 101, 110, 132, 144편

⑵ 탄원, 신뢰, 감사 시편

곤경과 고통이라는 상황에서 만들어진 시편이다. 하느님께 도움을 청하고, 신뢰를 고백하며, 모든 일이 잘 해결되었음에 감사를 드린다.

① **개인 탄원 시편** 5, 6, 7, 13, 17, 22, 25, 26, 28, 31, 35, 36, 38, 39, 42, 43, 51, 54, 55, 56, 57, 59, 61, 63, 64, 69, 70, 71, 86, 88, 102, 109, 120, 130, 140, 141, 142, 143편

② **참회 시편** 6, 32, 38, 51, 102, 130, 143편

③ **공동 탄원 시편** 12, 44, 58, 60, 74, 79, 80, 83, 85, 90, 123편, 그리고 126편 참조

④ **신뢰 시편** 11, 16, 23, 62, 121, 131편 그리고 91편 참조

⑤ **개인 감사 시편** 30, 32, 34, 40, 92, 116, 118, 138편

⑶ 교훈 시편

가르치기 위한 목적을 지닌 시편들이다.

① **구원 역사 회상** 78, 105, 106편

② **전례 시편** 15, 24편, 그리고 91, 95, 134편 참조

③ **예언적 훈계** 14, 50, 52, 53, 81편 그리고 75, 95편 참조

④ **교훈 시편** 1, 37, 49, 112, 119, 127, 133편, 그리고 73, 128, 139편 참조

• 가장 사랑받은 말씀

시편은 신약 성경에서 많이 인용된 구약 성경 구절이다. 먼저 예수님이 시편을 자주 인용하셨다. 마태오 복음서를 보면 예수님은 '포도밭 소작인의 비유'에서 시편 118편을 인용하셨다(마태 21,42 참조). 사형 선고를 받고 십자가에 매달리실 때에 시편 22편 구절을 외치셨고(마태 27,46 참조), 숨을 거두시는 순간에는 "아버지, 제 영을 아버지 손에 맡깁니다."라는 시편 31편 구절을 말씀하셨다(루카 23,46 참조). 또한 부활하신 후 제자들에게 나타나셨을 때에 이렇게 말씀하셨다. "내가 전에 너희와 함께 있을 때에 말한 것처럼, 나에 관하여 모세의 율법과 예언서와 시편에 기록된 모든 것이 다 이루어져야 한다."(루카 24,44)

한편 바오로 사도도 시편을 언급했으며(사도 13,33.35 참조) 서간에는 초기 그리스도인들이 시편을 낭송하고 노래하는 관습이 나타나기도 한다(1코린 14,26; 에페 5,19; 콜로 3,16; 야고 5,13 참조).

초기 교회의 교부들도 시편을 사랑하여 자주 언급했다. 대 바실리오 성인은 "지상에서 천사들의 합창대를 모방하는 것보다 더 복된 것이 무엇이 있겠느냐."라고 하며 시편을 찬양했으며,

암브로시오 성인은 "시편은 백성에게 내리는 하느님의 축복이고, 하느님께 바치는 찬양이며, 회중이 드리는 찬미 노래이고, 모든 이가 치는 손뼉이다. 보편적인 교훈이고, 교회의 목소리요, 노래로 바치는 신앙고백이다."라고 하기도 했다. 또한 아우구스티노 성인은 시편을 매우 좋아하여 시편으로 세례를 준비했다고 한다. 그의 저서 중 가장 분량이 많은 책이 바로 《시편 상해》였으며, 세상을 떠날 때도 시편을 외웠다고 전해진다.

이처럼 시편은 초기 교회 때부터 중요하게 생각한 말씀이었다. 그래서 이 말씀은 교회 전례의 일부이자 공적 기도의 일부가 되었다. 즉, 미사 때에 독서와 복음 봉독 사이 화답송으로 시편을 바치고 있으며, 시간 전례인 성무일도의 일부로 성직자, 수도자들이 매일 시편을 바치고 있다. 이처럼 신앙인들의 삶에서 시편은 떨어질 수 없는 말씀으로서, 이 말씀을 통해 하느님과 끊임없이 친교를 맺으며 삶을 성화해 왔다.

• 우리 기도의 바탕

시편은 개인 기도의 기반이자 시작 지점으로 여겨져 왔다. 그렇기에 수세기 동안 이어져 온 기도의 언어를 시편에서 찾을 수 있다. 이러한 시편에 기반하여 성인들과 신앙인들은 삶을 성찰해 왔고, 하느님께 응답하는 법을 배웠다. 시편을 읽으면 자연스럽게 주님께 응답하게 된다. 그런 가운데 하느님은 인간의 모든 것 하나하나를 다 알고 계심을 깨닫게 된다. 곧, 그분이 인간을 돌보시며, 인간의 작은 행동 하나에도 관심을 기울이며 사랑하심을 깨닫는 것이다. 이러한 깨달음은 삶의 여정에서 닥치는 어떠한 상황에서도 올바르게 나아가도록 이끌어 준다.

시편에는 삶에서 마주하는 수많은 상황들이 등장한다. 시편은 이스라엘 백성이 다양한 상황에서 겪은 일에 대한 응답의 기도이기 때문이다. 그래서 시편에서 마주하는 상황들에 대한 지혜를 인간 삶에 적용하는 것이 가능하다. 축복을 받기 위해서 어떻게 살아야 하는지에 대한 지혜가 담긴 시편, 축복을 받는 길을 가로막는 위험을 경고하는 시편, 극적인 체험으로 데려가는 시편도 있다. 치명적 위험이 잠재하는 환경에서 느끼는 실망감과 배신감을 전하기도 하며, 그러한 상황 속에서도 주님께 끊임없는 감사와 찬미를 드릴 수 있음을 알려 주기도 한다. 이처럼 시편에는 수많은 세대를 거쳐 인간 삶에 스며들어 온 믿음이 담겨 있다. 교회가 《가톨릭 교회 교리서》에서 가르치듯이, 시편은 신앙인들이 믿음 안에서 시간과 공간의 제약을 뛰어넘어 주님 안에서 일치하는 진실하고도 뛰어난 기도인 것이다.

"시편은 신분이나 시대를 초월하여 누구든지 바칠 수 있는 진실한 기도이다."(《가톨릭 교회 교리서》, 2588항)

• 노래들의 노래, 아가

아가는 히브리어로 '노래 중의 노래'라는 의미다. 아가서 1장 1절을 보면 "솔로몬의 아가."(최민순 역, 《시편과 아가》), "솔로몬의 가장 아름다운 노래."(한국천주교주교회의 《성경》)라고 나오는데, 이 구절에서 딴 제목이다. 히브리어 성경에서 아가는 율법서와 예언서 다음에 오는 성문서 사이에 위치하며, 우리가 쓰는 성경에서는 시서와 지혜서에서 다섯 번째에 위치한다. 아가는 저자로 솔로몬을 가리키지만 아가에서 사용하는 언어 등을 고려할 때 일반적으로 그 저작 연대를 바빌론 유배 이후인 기원전 4세기경으로 본다.

아가는 유다교 축제들의 전례 독서를 위한 다섯 두루마리(아가, 룻기, 애가, 코헬렛, 에스테르기) 중 하나로 파스카 축제를 위한 전례서로 사용된다. 한편 가톨릭에서는 7월 22일(성녀 마리아 막달레나 축일)과 12월 21일(대림 시기), 동정녀 공통 미사, 수도 서원 미사, 혼인 미사에서 아가를 봉독한다. 성무일도에서는 5월 31일(복되신 동정 마리아의 방문 축일)에 봉독한다.

• 아가의 다양한 해석

아가는 문학 유형상 연애 시 또는 연애 시집이다. 즉, 남자와 여자가 등장하는 사랑 노래다. 그러나 시구와 주제 이미지와 상황이 되풀이되고 그 연결이나 상황에 대한 설명이 없어 현대적 의미의 문학적 구조를 규명하기는 어렵다. 다만 서로 연관이 없어 보이는 아가의 많은 노래들이 전부 '관능적 사랑'이라는 단일한 주제를 다룬다는 사실은 확실하다.

이렇게 아가의 이해가 어렵다 보니 아가에서 노래하는 사랑에 대한 해석이 다양하게 나왔다. 유다교에서는 아가가 이집트 탈출에서부터 종말까지 하느님과 이스라엘 사이에서 이루어지는 사랑의 역사를 노래한 것이라고 보았다. 그리스도교에서는 아가를 주로 그리스도와 교회, 또는 그리스도와 인간 영혼 사이의 사랑을 노래한 것으로 본다. 이는 아가를 문자 그대로 해석하지 않고 상징적인 의미로 해석하는 태도다. 이러한 해석은 성경 전체의 일체성이라는 해석 원리에서 보았을 때 힘을 얻는다. 이는 성경의 여러 책들을 서로 떨어져 있는 개별적인 분문으로만 보지 않고 구약과 신약이 전체로 이루어진 하나의 책으로 보는 해석 방법으로, 이렇게 볼 때 아가가 하느님과 인간의 사랑을 말한다는 해석이 가능해지는 것이다.

그러나 근대에 이르러서는 아가를 문자 그대로 해석하여 현실적인 사랑 노래들의 모음으로 이해하려는 움직임이 나타났다. 일차적으로 아가가 남녀의 사랑을 노래한 책이라는 점은 확실하기 때문이다. 아가의 해석이 어떻든 간에 이를 어느 한쪽으로만 해석하는 일은 피해야 한다. 아가가 남녀 간의 사랑을 노래한다고 이해한다 하더라도, 아가의 사랑을 인간적인 것이며 동시에 거룩한 것으로 보는 것이 가능하다. 하느님의 본성이 바로 사랑이기 때문이다.

• 교부들의 아가 해석

아가에 대해 이야기한 교부들은 많다. 그중 히폴리투스와 오리게네스의 해석이 가장 유명하다. 히폴리투스는 아가가 새 계약의 시작을 알리는 솔로몬의 예언이라고 보았다. 아가가 신랑이신 그리스도와 신부인 교회에 대해 말하는 내용이라고 본 것이다. 이러한 해석에 따라 그는 아가에 등장하는 구절 가운데 '신랑의 입맞춤'은 육화하신 하느님의 말씀으로, '당신의 사랑'은 율법과 복음으로 해석했다. 히폴리투스가 이렇게 해석할 수 있었던 까닭은 구약과 신약이 서로 긴밀한 관계를 맺으며, 구약의 말씀이 신약에서 실현되는 것이라고 보았기 때문이다.

반면 오리게네스는 아가가 신비적 의미를 지닌 드라마라고 보았다. 그는 아가를 일종의 연극으로 이해하며 아가가 하느님의 신적인 사랑을 말한다고 해석했다. 이러한 해석은 신랑을 육화된 하느님의 말씀으로 본다는 점에서는 히폴리투스의 해석과 동일하다. 하지만 신부를 교회로만 보지 않고 우리 각자의 영혼으로도 본다는 점에서 차이가 있다. 오리게네스는 사랑은 언제나 하느님에게서 나오는 것이라고 보았다. 오직 하느님에게서 오는 사랑만이 진정한 사랑이며, 그렇기에 사랑은 영원한 것이라고 본 것이다. 사랑을 이렇게 보았기에 오리게네스는 아가가 말하는 사랑을 하느님의 말씀에 대한 사랑으로 타오르는 복된 영혼의 사랑이라고 보았다. 이 영혼이 하는 사랑은 성령의 감도로 천상 신랑이신 그리스도와 결합되는 사랑이다.

오리게네스의 아가 해석의 바탕에는 아가가 하느님이 인간에게 말씀하시는 여러 방법 중 하나라는 인식이 깔려 있다. 구약 시대에 하느님은 모세를 통하여, 또한 여러 예언자들을 통하여 말씀하셨다. 그러나 신약의 시대에는 하느님의 말씀이 사람이 되시어 우리 가운데 사셨고 그 말씀이 바로 하느님이셨다. 오리게네스는 아가의 신랑이 바로 그 말씀이라고 보면서 아가가 참으로 사랑을 말하는 것이라면 이는 하느님의 사랑을 말하는 것일 수밖에 없다고 보았다. 그리고 이제는 사람이 되신 하느님의 말씀이 신랑으로 직접 다가오시고, 그 다가옴을 느끼는 신부가 신랑과 나누는 사랑의 대화가 바로 아가라고 본 것이다.

• 사랑을 키워 주는 말씀

앞서 언급했듯이 아가의 문학적 구조를 규명해 내기는 어렵다. 그러나 여기서 주목할 점은 아가가 바로 서정시라는 점이다. 이를 고려할 때 아가를 서사적인 줄거리를 갖춘 문학 작품으로 보려고 하면 이해가 쉽지 않은 까닭을 알 수 있다. 아가에 나오는 여러 표현들은 사랑의 어떤 측면을 부각시키기 위한 표

상일 뿐이기 때문이다. 그러므로 아가를 볼 때에는 줄거리보다는 이 노래에 담긴 감정에 주의해서 살펴봐야 한다. 성경 전체를 관통하는 주제가 바로 사랑이기 때문이다.

아가는 성경에서 말하는 사랑을 다른 양식으로 표현한 책이다. 역사적인 서사 대신에 고백과 두근거림, 좋은 것만을 주고 싶은 바람, 이러한 사랑의 마음을 독자들의 마음에 심어 주는 것이다. 그렇기에 아가를 읽는 이들은 마음에서 사랑이 점차 커지는 것을 느낄 수 있다. 아가에서 말하는 표현처럼 "포도주보다 더 맛깔진 사랑"이 몸으로 녹아든다. 이런 점을 염두하면서 아가를 읽는다면, 그리고 아가가 그러한 사랑에 대한 신부의 응답까지 담는다는 점을 고려한다면, 주님께 바치는 기도이자 노래로 아가를 보는 데 큰 도움이 된다. 아가는 성경에 실린 다른 어떤 책보다 하느님과 사랑의 관계를 더 깊게 연결시키는 기도이자 노래인 것이다.

"신부는 신랑에게 어디 계신지, 어디서 쉬고 계신지 알려 달라 청한다. …… 이는 양떼를 돌보며 쉬고 있는 그분 곁에 머물기 위함이다. 그리고 자신이 어디로 가야 하는지 정확히 그 길을 알기 위해서이다."(오리게네스, 《아가 주해》 제1권)

시편과 아가 쓰기 노트

2022년 12월 21일 교회 인가
2023년 2월 10일 초판 1쇄 펴냄
2024년 3월 8일 초판 2쇄 펴냄

엮은이 · 가톨릭출판사 편집부
펴낸이 · 정순택
펴낸곳 · 가톨릭출판사
편집 겸 인쇄인 · 김대영
편집 · 김소정, 정주화
디자인 · 강해인
마케팅 · 장제민, 임찬양

본사 · 서울특별시 중구 중림로 27
등록 · 1958. 1. 16. 제2-314호
전자우편 · edit@catholicbook.kr
전화 · 1544-1886(대표 번호)
지로번호 · 3000997

ISBN 978-89-321-1848-2 03230

값 14,000원

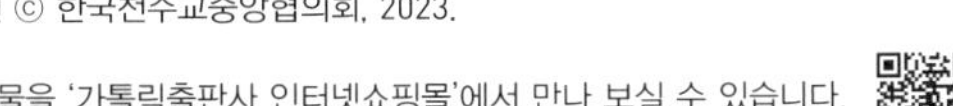
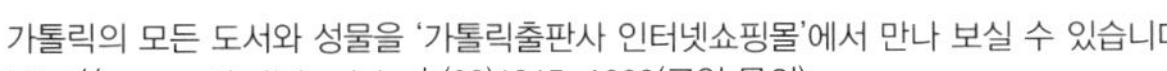

가톨릭의 모든 도서와 성물을 '가톨릭출판사 인터넷쇼핑몰'에서 만나 보실 수 있습니다.
http://www.catholicbook.kr | (02)6365-1888(구입 문의)